朝日新書
Asahi Shinsho 829

生き抜くための決断力を磨く

インバスケット経営思考トレーニング

鳥原隆志

朝日新聞出版

はじめに

経営思考は経営者だけではなく、誰でも持っておいたほうがいい思考です。

確かに以前は会社を経営する人間だけが持っていればよく、その従業員は会社が潰れれば、社長が無能だったということで事足りました。しかし、今は経営者でなくても、自分の判断には自分で責任をとり、自分で成し遂げたいことを決める時代になりました。

就職した会社に通勤し、その企業という枠組みの中でタイムカードを押して働く時代から、一人一人により結果が求められ、テレワークなどで自分自身の裁量を試される機会も増えました。副業を認める企業も多くなり、自分の収入は自分で稼ぐ、自分のことは自分で決める総経営者時代に突入したわけです。

経営思考とは「明日の糧を得る思考」、言い換えれば「生き抜くための思考」です。

もしあなたが組織に依存することなく、自立して生きていこうとお考えならば、この思考は必ず役に立つでしょう。ましてやあなたが経営者やこれから起業しようと思っている方だとしたら、なおさらこの思考を試されなければなりません。

なぜなら、経営者の多くが「謎の経営思考」をお持ちだからです。

なぜ謎なのか？　それは感性やなんとなく編み出した、あるいは過去にあたったたというだけの方法だからです。そのような思考をお持ちの方は安定性がないので、本書を読むことは将来訪れるであろう、一世一代の経営判断の時には役に立つことでしょう。

本書は私の経営の考えを押し付けようとするものではありません。インバスケット理論に基づき、優秀な経営者の共通行動パターン（コンピテンシー）を、ケースに基づきあなたにご紹介しています。簡単に言うと、さまざまなケースの中で、あなたが経営者だったらどの選択をするのかを選んでもらい、【解説】でチェックする形式のゲームです。

ここで大事なのは正解を選ぶことよりも、判断の失敗をこの模擬体験で味わっていただくことです。どこで失敗をするのかを知るだけでも素晴らしい経験ですし、その原因をつかみ、その思考に変化をつけてみると、経営思考はさらに深まるでしょう。

本書を読んでいただきたいのは、次のような方です。

・これから経営や独立を考えている方
・現役の中小企業の経営者やその幹部の方
・ビジネススキルを高めたい方
・経営歴が長い方

本書の特徴は、通勤や仕事のスキマ時間でもすぐに読めるように、ケースと解説を独立させている点です。したがって一気に読んでいただく必要はありません。他の経営書と異なり、理論や解説は最低限に抑えて、難解なキーワードも省いています。サクサクと読み進めながら経営思考を体験できます。

さらなる活用法としては、まだ経営の現場を知らない方向けに、各解説の後に「経営思考トレーニング」として、現在のポジションでも実践できる課題も出しています。

経営思考は理解しただけでは身につきません。実践することが大事です。ぜひ各課題に挑戦してみてください。

鳥原隆志

インバスケット経営思考トレーニング　目次

図版作成＝谷口正孝

第1章　なぜ、経営思考が必要なのか

経営思考は最強の武器である

これから経営思考を学ばれるあなたに、まず「インバスケット」の説明をしなければなりません。なぜなら、本書はインバスケット形式で書かれており、これを紹介しておかないと誤解されるかもしれないからです。

インバスケットとは１９５０年代にアメリカ空軍で活用が始まったとされる能力強化訓練ツールです。そのツールは日本に１９８０年代に入ってきて、大手企業の管理職や幹部の登用試験で使われ始めました。

私は前職のダイエー時代の管理職昇進試験で、そのインバスケットに出合い、打ちのめされました。打ちのめされた、と表現したのは、自分ではできていると思っていた「判断」や「問題解決」「部下指導」などが、客観的にみると全くできていなかったからです。

実際に「知っている」と「できる」の違いを痛感した私は、このツールを使って、企業のリーダーや経営者の方向けに教育プログラムを作り、今まで2万名以上のビジネスパーソンとご一緒にインバスケットトレーニングを行ってきました。

インバスケットは現在、企業のリーダー層や管理職層に向けた教育ツールとして定着してきました。

通常は60分で20ほどの案件を渡されて、優先順位付けや判断力、問題解決力などを評価されるものが一般的です（インバスケットに興味がある方は拙著『究極の判断力を身につけるインバスケット思考』（WAVE出版）をお読みください）。

では今回のテーマである経営思考に戻りましょう。

インバスケットをトレーニングされた方の多くが次のような質問をされます。

「次のステップは何でしょうか」

人は成長するわけですが、10年前にインバスケット思考を学んだ方も、そろそろ次のステップを目指される方が増えたわけですね。インバスケット思考の次に身につけなければならないのは経営思考です。それは能力のステップがあるからです。

ここで能力の開発のステップについてお話ししましょう。

仕事で必要な能力は様々あります。私はこれらをピラミッドで表しています。

まず一番下の層が「仕事の基本」です。これは報告・連絡・相談や指示の受け方、段取りの力などです。

次に「人柄力」です。これはいわゆるコミュニケーションや人としての姿勢です。

そして「インバスケット思考」。これは限られた時間の中で多くの仕事を処理して最高の結果を出すステップです。

最上位が「経営思考」です。これは本来経営者が持つべき思考で、一言で言えば「生き抜く思考」です。現在は総経営者時代ですので、いわば生き残るための思考といえます。

つまり様々なスキルの中で最強の武器となる思考なわけです。

インバスケット思考と経営思考で、大きく異なる点は3つです。

まず守備範囲が違います。インバスケット思考は「ある部署を担当する」設定ですが、経営だと「会社全体」です。判断の方法も組織を活用する方法も、そしてリーダーシップの取り方も当然異なります。

2つ目は上司がいないことです。難しい判断や難解な問題が起きれば、インバスケット思考では上司や経営層に相談することができます。

しかし、経営思考では最終決定者ですので、上司にすがることができないわけです。で

能力ピラミッド

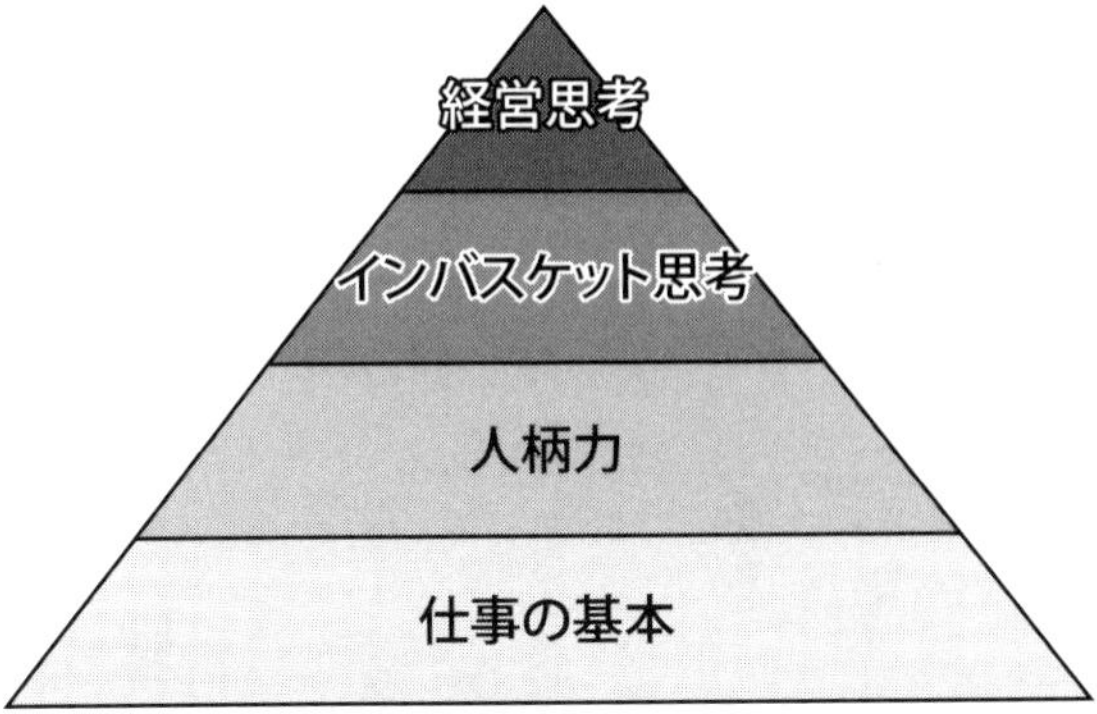

出典：株式会社インバスケット研究所

すから、インバスケット思考よりも高度な判断力が求められます。

最後は責任です。インバスケット思考では組織の一員としての責任を取らなければなりません。原因究明や再発防止などの行動が求められます。

ただ、それは部や課など組織の一部の範囲にとどまります。

一方で、経営思考では会社全体に責任を持たねばなりません。その重責はインバスケット思考とは比べ物にならないものです。

まとめると、組織の一員としての好成績を出すのがインバスケット思考で、自分が最終決定者であれば必要なのが経営思考ということです。

経営思考トレーニングの勧め

あなたは今までもきっと経営の勉強をされたことがあるでしょう。著名な経営者の書いた本を読んだり、動画やテレビを見たり、熱心な方は講演や経営塾などに通われた方もいるかもしれません。その行動は素晴らしいし、意味のあるものでしょう。

しかし、それを実際に活用したことがあるでしょうか？

私がインバスケットで打ちのめされたように、「知っている」と「できる」は全く異なります。

本を読む、講演を聞く、経営塾に通うというのがインプット型のトレーニングである一方、本書で体験できるのはアウトプット型のトレーニングです。

アウトプット型のトレーニングとは「やってみる」ことです。

つまり、本書は「社長の模擬体験」をあなたにしていただき、いくつかの選択肢からあなたが経営者ならどれを選ぶか、そしてその選んだ選択肢を解説とともに振り返っていただきます。

この模擬体験を通して、自分と他の経営者との考え方の違い、どの部分で失敗するのかを知ってもらい、実際の経営判断を下す際に失敗しないことが狙いです。

必要な能力や技術は日々磨いておかないと、いざというときに出せません。火事場の馬鹿力も、突然力が出るわけではなく、日ごろから鍛えているから出るのです。

これは「廃用性萎縮の原則」といい、使わない部分は自然と衰えて最後はなくなります。「恒常性の原理」もそうです、日々使う部分に筋肉がついていくのです。

また、上の歯が抜けてそのままにしておくと、噛み合わせの下の歯もそのうち抜け落ちます。かみ合わないので下の歯も使っていないと体が認識するのでしょう。

ですから、経営思考も本書で模擬的なアウトプットをすることが、いざというときに判断を下すために必要なことなのです。

経営思考を持つ人と持たない人の差

経営の世界は厳しいものです。企業を10年間潰さない経営者は全体のわずか10％といわれます。逆に言えば90％の経営者は失敗をするわけです。

さらに新型コロナ感染症のような疫病や自然災害、はたまた日進月歩の技術革新などで、今まで安定していると思われていた業界が成り立たなくなり、倒産や崖っぷちに追い込まれる企業も多くあります。

「急激な環境変化のせいだ」

ほとんどの経営者はそう言いますが、私は少し違うと考えています。

経営者はどんな状態でも会社を潰さないための判断をしなくてはいけません。簡単に潰れる会社がある一方で、実際に変化に対応し、生き残っている会社がたくさんあります。

この差は何なのか？　それは本物の経営思考を持っているか、それとも謎の経営思考しか持ち合わせていないかの違いです。

謎の経営思考は経験や思い付きなどでできています。だから前例がない状況にはとても不安定で弱いです。

一方、プロセスに裏付けられた経営思考はどんな状況にも対応できます。

経営思考を持っていると、どんな状態でも会社を潰さない方向を見つけられます。

失敗のにおいを敏感にかぎ分け、躊躇なく判断し、その裏付けを得る力もあるからです。

また自社の強みを確固たるものにしており、多少の波でも生き残るようにしています。

これを優位性と言います。常に周りより優位な立場を持ち続けることを戦略力と言います。

経営は、安定しているときは非常に楽なものです。

飛行機でパイロットが自動操縦に切り替え、コーヒーを飲んでいるようなものです。

しかし、突然、前例のないアクシデントが起きたときははっきり言ってどうすればいいかわかりません。こんなときに本当の経営思考は試されるのです。

昔、防火管理者の研修のために消防署で避難訓練を受けたことがあります。

「はい、火災が起きました。避難してください」

講師の合図で私たちは一目散に部屋の出口に殺到しました。

でも一部の人たちは、近くの非常出口や避難はしごに向かっていました。

冷静であれば火元近くの出口ではなく、もっと近くにある安全な出口を選ぶのが当たり前だと思うのですが、非常時はそのようなものは目に入りません。

経営思考も同じです。平常時にはわかっていたつもりでも、非常時の土壇場では使い物にならないものです。だからこそ、経営思考をいつでも使える状態にしておかなくてはならないのです。

経営者ではなくても経営思考を持っている人はたくさんいます。彼らの強みは3つ。

- **未来を起点に物事を考えることができる**
- **課題を明確につかみそれを解決できる**
- **自分の価値を高める術を知っている**

経営思考の保有者は、業務の個人成績も高く安定しています。

今紹介した3つの強みを見ればわかるでしょう。

先を見据えた戦略を練り、ポイントを明確につかんで力の入れどころを知っています。

そして、どのように行動すればよい結果や評価に結びつくのか理解しています。

「経営なんて一社員の自分には関係ない」と思う人も、経営思考を知っておくのは決して損ではありません。経営者目線で従業員がどう見えるかが理解でき、ひいては一従業員としての自分を見つめ直すことができます。

第2章　インバスケット経営思考トレーニング

これから体験していただくのは、インバスケット形式で書かれたストーリーです。

あなたはストーリーを読みながら主人公になり切り、起きる案件やトラブルにどのような判断をするのかを選択肢から選んでください。

そのあと解説を読んで、経営思考とあなたの思考との違いは何かを振り返ることで、経営思考を習得できます。

では、早速始めましょう。

※インバスケットは、株式会社インバスケット研究所の登録商標です。
ストーリー中の団体名や個人名、地名はすべてフィクションです。

プロローグ

「そういえば最近百貨店に行っていないな」

橋場は友人が何気なく言った一言を、秋田に向かう東北新幹線の中、都心のビル群から解放され、徐々に広がる青空を眺めながら思い出していた。

「そうだよな、今どき百貨店に買い物に行く奴なんていないよな」

別の友人が缶ビールを飲みながら当たり前のように言う。

俺はばつが悪く、直ぐに話題を変えたっけ。


〈橋場あきら〉

私の名前だ。大学を卒業し、比内銀行東京支店に勤務していた。

ところが1か月前に秋田の実家から電話が入り、父が病に伏せったことを知る。

父は秋田県の老舗百貨店「みちのく百貨店」の6代目社長だ。

いつか継がなければならないかもと考えていたが、あまりにも早い。

私は39歳。やっと副支店長にまでなったのに。

あと10年くらいは大丈夫だろうと考えていた。

実際にそれまでにみちのく百貨店が続けばの話だが……とも捉えていた。

みちのく百貨店は明治11年創業の老舗百貨店。

店舗は本店（秋田駅前）と渡り廊下でつながる別館がメインで、郊外にはニューみちのく サテライトショップを3店舗（男鹿・横手・由利本荘）、直営レストランの「グルメみちのく」、クレジットカード事業のMカードを展開している。

グループの売上規模は直近1年で195億円（昨年対比94・8％）。営業利益は3期連続で赤字が続いていた。

橋場はもともといつか秋田に帰らなくてはならないと思っていたのと、今の仕事も先が見えてきたので、この話を引きうけた。

秋田に戻った橋場は父親に会いに行った。

数年前の記憶よりも小さく見える父親に、もう社長復帰は難しいと橋場は悟った。

銀行では様々な企業を見てきた。経営を継げと言われてもそれほど違和感はない。むしろ、ろくでもない経営者を多く見てきたので、自分はうまくできると思っている。

しかも秋田県民なら、誰もが知るみちのく百貨店。

銀行も県も潰すわけがない、橋場はそう考えていた。

橋場を迎え入れた専務の大橋も「大丈夫です、あきらさん。銀行と県はうちを潰さないですよ」と同じ意見だった。

しかし、決算書には安心して見られる数字どころか、かなり危機的な数字が並んでいる。

「こんなに悪化していたのですか」

橋場のため息交じりの問いに大橋は落ち着いて返す。

「ええ、ただ銀行グループとの信頼関係は確固たるものです。そこはご安心ください。あきらさん……いえ社長」

「でも、こんな状態なら銀行も融資をしないでしょう。おそらく点数もかなり低いですし」

点数とは銀行が企業の格付けを決めるための成績のようなものだ。

「流石です。極秘ですが銀行からはこのような提案がありました」

大橋は橋場に分厚い冊子を手渡す。

（単位：百万円）

科目	3年前	2年前	1年前
（負債の部）			
流動負債	10,712	11,216	11,765
支払手形および買掛金	6,452	6,890	7,442
短期借入金	2,500	2,600	2,800
その他	1,760	1,726	1,523
固定負債	4,025	4,145	4,221
長期借入金	3,825	3,945	4,021
その他固定負債	200	200	200
負債合計	14,737	15,361	15,986
（純資産の部）			
株主資本	1,301	1,167	866
資本金	80	80	80
利益剰余金	1,221	1,087	786
純資産合計	1,301	1,167	866
負債資本合計	16,038	16,528	16,852

貸借対照表①

科目	3年前	2年前	1年前
（資産の部）			
流動資産	10,265	10,737	11,158
現金及び預金	3,561	3,214	3,138
売掛金	661	638	622
商品在庫	5,995	6,850	7,330
その他流動資産	48	35	68
固定資産	5,773	5,791	5,694
（有形固定資産）	3,438	3,456	3,359
土地建物等	480	480	480
機械装置	1,500	1,420	1,340
その他	1,458	1,556	1,539
（無形固定資産）	1,535	1,535	1,535
施設利用権	650	650	650
その他	885	885	885
（投資その他資産）	800	800	800
敷金	800	800	800
資産合計	16,038	16,528	16,852

冊子を開いて見ると、大手流通グループ「さなやま」にみちのく百貨店を営業譲渡する提案で、それを条件に融資を継続する旨が記されていた。

百貨店事業からの撤退と、駅前の本店跡地に1階にさなやまの食品スーパーの入った大規模マンションを建設するという計画だった。

「解体ですか……」

橋場はそう考えながら財務諸表などの資料を確認する。

会社沿革には自分の祖父の顔写真があった。

自分が子供の頃のみちのく屋を思い出しながら心の中でつぶやいた。

(とんでもないものを引き継いじゃったな)


(単位:百万円)

1年前	
	構成比
19,531	100.0%
15,292	78.3%
4,239	21.7%
4,427	22.7%
3,033	
202	
80	
1,112	
-188	-1.0%
2	
1	
1	
114	
113	
1	
-300	-1.5%
1	
2	
-301	-1.5%

損益計算書①

科目	3年前		2年前	
科目		構成比		構成比
売上高	21,686	100.0%	20,602	100.0%
売上原価	17,022	78.5%	16,069	78.0%
売上総利益	4,664	21.5%	4,533	22.0%
販売費および一般管理費	4,748	21.9%	4,563	22.1%
人件費	3,221		3,151	
地代家賃	202		202	
減価償却費	80		80	
その他	1,245		1,130	
営業利益	-84	-0.4%	-30	-0.1%
営業外収益	2		2	
受取利息	1		1	
その他	1		1	
営業外費用	99		106	
支払利息	98		105	
その他	1		1	
経常利益	-181	-0.8%	-134	-0.7%
特別利益	1		2	
特別損失	2		2	
税引前当期純利益	-182	-0.8%	-134	-0.7%

みちのく百貨店　会社組織図

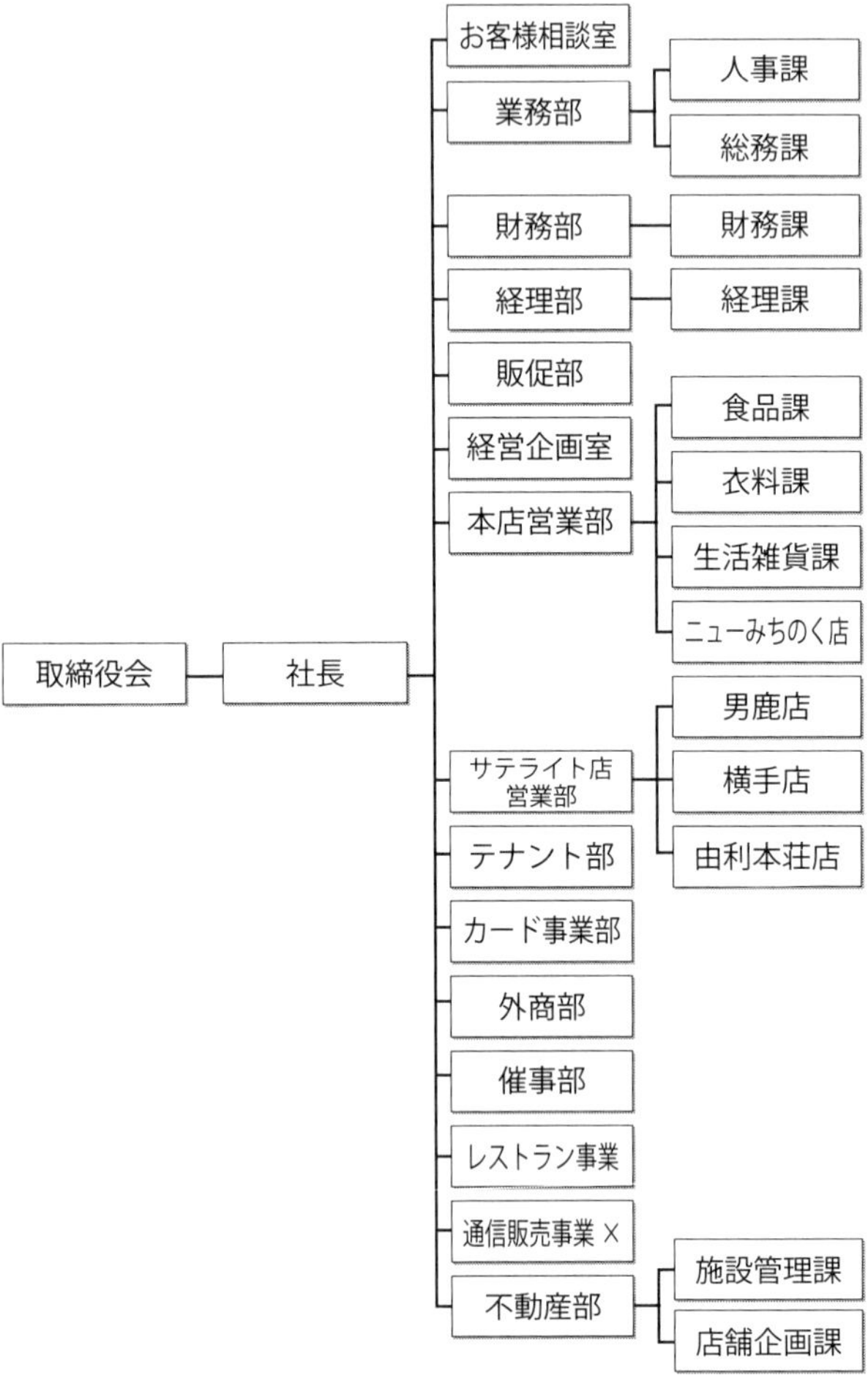
取締役会
社長
お客様相談室
業務部
人事課
総務課
財務部
財務課
経理部
経理課
販促部
経営企画室
本店営業部
食品課
衣料課
生活雑貨課
ニューみちのく店
サテライト店
営業部
男鹿店
横手店
由利本荘店
テナント部
カード事業部
外商部
催事部
レストラン事業
通信販売事業 X
不動産部
施設管理課
店舗企画課

資料　みちのく百貨店　会社概況

社名	株式会社みちのく百貨店
設立	昭和27年10月11日（創業明治11年）
資本金	8000万円
代表者	代表取締役　橋場　誠一郎
従業員数	342名
所在地	秋田県秋田市本町9-5
事業内容	百貨店業
年商	195億円

株式会社みちのく百貨店　会社沿革	
1878年	橋場徳次郎が秋田市門前町に呉服商を開業
1886年	みちのく屋と改名
1952年	商号を「みちのく百貨店」に改名 本館にあわせ別館を新設
1954年	「みちのく友の会」発足
1965年	地上8階地下1階鉄筋コンクリート建ての 新店舗オープン　東北最大規模を誇る
1968年	秋田市総社町に「ニューみちのく」開業 当社初の郊外型店舗
1972年	別館に大型レストラン「グルメみちのく」オープン 200名を収容可能に
1975年	横手市にサテライトショップを開業
1979年	男鹿市と由利本荘市にサテライトショップ開業
1985年	本店で大掘り出し市開催　期間入場者3万名を超える
1992年	別館をリニューアルオープン
2002年	会員カードにクレジット機能を装着した 「Mカード」を発行
2005年	みちのく百貨店東京丸の内アンテナショップオープン
2007年	みちのく百貨店東京丸の内アンテナショップ閉鎖
2013年	新情報システム導入

橋場は本店の売り場をぶらついた。

東京から来たからだろうか。土曜日の午後とは思えない閑散とした売り場、低い天井、にぎわっているのは最上階のレストランだけであった。

「そういえば最近百貨店に行っていないな」

橋場は友人の言葉を思い出しながら、バックヤードに入った。

(従業員食堂か、昔は親父によく連れてこられたなあ)

幼い日の記憶では満員状態だった従業員食堂も今は半分も埋まっていない。

すると制服姿の白髪の女性が近づいてきた。

「坊ちゃんですか。立派になられて」

「ああ、ご無沙汰しています……。えっと」

橋場は彼女が誰かわからなかったが、その目から涙が流れているのはわかった。

「坊ちゃん、このみちのく屋をどうかよろしくお願いします」

その女性が頭を下げると、続々と不安そうな社員に周りを取り囲まれた。

橋場はそのとき初めて、みちのく百貨店という企業を引き継いだのではなく、彼らの人生も引き継いだことに気付いた。

選択1　経営者がまずすべきこと

みちのく屋の役員は9名、全員がみちのく屋の生え抜きなのに加えて、私より年上だ。郷に入れば郷に従えの言葉の通り、下手に出てみるか。

専務が私をちらと見ながら会議を始めた。

「まず決めないといけないのは、さなやまグループの件ですね」

すると今まで言葉を発しなかった役員から発言が出る。

「絶対反対です。いつか景気はよくなるはず、それに備えて本店のリニューアルを進めては」

この意見に別の財務担当役員は顔をしかめる。

「そんな資金どこに……？　前回のリニューアルで3億円投入して初年度さえ昨年対比の売上を超えることができなかったのに」

それに本店店長が間髪入れず発言する。

「あれは中途半端だったからだ。あんなもので秋田西に対抗できるわけがなかった」

秋田西とは2年前にオープンした秋田西ショッピングモールだ。

東北最大規模と言われ、みちのく百貨店だけではなく秋田駅前や中心部の商業施設が軒並み壊滅的打撃を受けていた。

二人の応酬が続き、嫌気がさしたのか専務があなたを見てこう尋ねる。

「社長は着任されたばかりですが、何かお考えはありますか」

あなたはどのように対応しますか？

A じっくりと考えることなので即答を避ける
B みんなの意見を聞きながら決めたいと伝える
C 役員たちの自主性を育てるため発言を避ける
D 自分の考えを明確に伝える

解説1 【意思表明力】空気を読むな

自分の考えを毅然と相手に伝えることを意思表明と言います。

経営思考では、どのような意思表明をするかは、状況次第で変えなくてはなりません。状況とは、大きく平常時なのか、非常時なのかで見極めます。

平常時であれば、部下に考えさせたり、ブレストして納得性を高めたりすることもできますが、緊急かつ重要なときは明確な方向性を示さなければなりません。

その方向性が、たとえ大多数の部下の意見と異なっていても、金融機関などのステークホルダーの意見と異なっていても、毅然と自分の意思を表明することです。

ABCの3つの選択肢は間違いではないものの、経営思考では明確に方向性を示すことが求められます。ですから経営思考を持つ人はDを選ぶ方が多いのです。

意思表明は確定した答えでなくても結構です。自分自身がどうしたいのかをはっきりと周りに表明することが大事なのです。

たとえ、その場にいる全員が反対の意見でも、ひるむことなく自分の意見を伝えます。

経営思考ではマネジメントと異なり、その表明次第で会社の運命が変わります。その重圧のあまり意思表明をためらったり、あいまいな表明をしたりする方も多いのですが、そのブレが部下の意思決定の混乱につながるのです。

特に着任時の意思表明は、部下たちがどの方向を目指すのかを決める大事な表明です。だからこそ、場の空気を読まず自分の信じる考えを明確に表明したいものです。

経営思考は空気を読むのではなく、空気を作り出す思考だと心得てください。

○経営思考トレーニング1

会議で少数意見を発言してみる。

――空気を読むことも大事だが、空気に取り込まれないための意思決定力を強められる。

選択2　早急な黒字化という目標

私は、自主再建をする方向性を立てたが、容易でないことはわかっている。
まずは銀行を納得させなければならない。
そのためには今期の経営目標を再設定しなければならない。
企画担当に指示をすると、出てきた目標は「早急な黒字化」というものだった。
あなたはこの目標に対して、どのように判断しますか？

A　どの程度の黒字を出すのか明確にさせる
B　いきなり黒字化を目指すのは無謀なので、赤字幅縮小に修正させる
C　まずは黒字化を目指したいので、それで承認する
D　夢やロマンが見えないので再考させる

解説2 【目標設定力】目標は数字で「いくら儲けるのか？」

経営思考では定量的な目標設定が必要です。

あいまいな目標は達成しない上に、組織の目指すべきものがぼやけるからです。

その観点からは選択肢Aが評価できます。

経営者は誰もが目標を設定します。

「大きな会社にしたい」

「立派なビルを建てたい」

こう思う経営者は多いのですが、この目標設定には定量的ではないという問題があります。

今回の選択肢でも「黒字化」というキーワードが出ていますが、それは定性的です。

なぜなら、1億円の黒字化なのか、1円の黒字なのか、明確になっていないからです。

黒字だから1円でも黒字になればいい、と考える方もいますが、それなら「1円の黒字化」と目標設定するべきです。

早急という言葉も定性的です。いつまでかを明確にしなければなりません。

したがって、今回選んでいただきたいのは選択肢Aです。

ここでよく混在して使われるのが、「理念」と「目標」です。

理念は定性的なものが多いですね。「社会に貢献する」などのものです。

しかし目標をこのように定性的にすると、不明確になってしまいます。

理念は理念。目標とごっちゃにしてはいけません。

だからこそ経営の目標は数字で明確に立てます。

泥臭いことを言うと、「いつまでにいくら儲けるのか？」が明確でなければなりません。

目標を定量化することで、社内への周知もぶれることなく可能になります。

これは目標を定量化するという行動で、計画組織力の一つになります。

ですから、1年後には「いくら利益を出す」と決めて、2年目、3年目と目標の利益を決めていきます。この目標設定によって何をするかが明確になります。

たとえば、利益を3年後に5倍にしたいのであれば、積極的な投資や新規サービスなどの挑戦が必要になります。今の利益を維持するのであれば、「効率化を進める」など、全く違った行動になるわけです。

これを個人の生活に当てはめて「現状の給料でいい」と考えると、今の仕事を続け支出をコントロールすればいいでしょう。利益を倍にしたいのであれば、支出だけでは無理なので「昇進や転職、副業」などの行動が選択肢に出てきます。

あいまいな目標ではなく「いつまでにいくら儲けるのか」を設定する。

ぜひ実践してみてください。

○経営思考トレーニング2

――やろうと思っていることを必ず数字に結びつける。

選択3　頼もしい専門家たち

目標設定は定まった。本年度は5000万円の黒字化だ。

目標を達成するには、いくつかのストーリーがある。売上を伸ばすか、経費を下げるか、もしくは利益率を上げるかだ。みちのく百貨店の場合は、売上の早急な回復が望めないので、経費を削るのが常套手段だろう。

しかし、役員たちはどうも腹落ちしていないようだ。

経費はこれ以上削れない。売上も環境が悪く回復しない。

まあ、彼らの言い分もわかる。

そこで顧問の弁護士や税理士、社労士、そして経営コンサルタントに意見を聞いた。

弁護士からは、「みちのく百貨店には地域の名店というイメージがあり、小さな経費削減の試みでも法的な問題に発展する恐れがあるので、そこは注意いただきたい」

税理士からは、「赤字が続いています。まずは経費を大幅にカットするべきでしょう。いわゆる聖域なしのリストラですな」

社労士からは、「御社は労働組合もあり、労使関係が昔からよくありません。しかも福利厚生をかなりカットしたり、職場環境に投資をしていないので、一触即発の状態です。くれぐれも労務問題を起こさないように」

経営コンサルタントからは、「まず人ですね。教育をするべきです。会社は人ですからね。経営理念教育をしっかりと行いましょう。それからすべてが始まります」

と助言を受けた。

さて、あなたはどう判断しますか?

A　自分自身で方向を決める

B　弁護士の意見（慎重に検討）を採用する

C　税理士の意見（リストラ）を採用する

D　社労士の意見（労使関係配慮）を採用する

E　経営コンサルの意見（社員教育）を採用する

解説3　専門家の意見に依存するな

経営思考では専門家の意見を参考に、経営者自身が方向性を決めることが求められます。その観点では選択肢Aが評価されます。

あなたは判断に困った際にどのようにして最終決定していますか？

組織にいれば上司に判断をゆだねることもできますが、経営者には上司がいません。ですから、多くの経営者が社内のご意見番や社外の専門家とのつながりを大事にします。

経営者といえども人間ですし、判断ミスはあるからです。

自分の判断が正しいのかどうかを裏付けるために、専門家の意見や知見を活用するのです。

誰の意見も聞かず判断をするのは、いわば無謀であり、「裸の王様」となる可能性があるので注意をしましょう。

一方で判断を依存するのもよくありません。

特に専門家はその分野のプロであり、あなたより知見や経験もあります。

だから理論としては専門家の発言が正しく思えることもあるでしょう。

ただ、あなたの会社のすべてを知っているわけでも、もっと言えば経営を知っているわけでもありません。

ですから専門家の意見はあくまで参考として、いろんな角度の意見の一つとして取り入れ、活用することが経営思考の判断です。

経営思考では誰かが決めてくれるという甘い考えは捨てましょう。最終的にはあなたが総合的に判断し、その判断の責任を負うわけです。

○経営思考トレーニング3

――専門家やベテランの言いなりにならない。

彼らの意見は参考に聞かなくてはならないが、依存してはいけない。

選択4　一棹195万円の桐ダンス

大学時代の友人でマーケティングコンサルタントをしている奥田智弘がいる。彼に極秘にみちのく百貨店の売上不振原因を調べてもらった。

彼は言いにくそうに私に言った。

「橋場、これは自爆だね」

「自爆？」

「ああ、そもそもここにはマーケティングという概念が全くないね。まるで昭和初期の商売の博物館だよ」

「具体的にはどこが悪い？」

「全体的にそうだけど、あそこは特にここの自爆ぶりを物語っているね」

奥田が指をさしたのは家具売り場だ。

「婚礼フェア」として立派な桐ダンスが真正面に展示されている。

私と奥田はそこに行き、家具売り場担当に質問する。

「すごいね。このタンス195万円か」

売り場担当は鼻高々という様子で語る。

「はい、こちらは県の特産工芸品指定を受けたもので、素材は国産天然木の本桐を使っております。こちら少しおさわりいただくと……」

売り場担当は私に箪笥の側面に触れるように誘った。

「へえ、滑らかだね」

「はい、これはヤシャ仕上げという職人の手作業になっています。この仕上げは独特な質感と……」

話が長く続きそうだったので、質問を変えた。

「で、これはどのくらい売れるの？」

売り場担当は表情をこわばらせ答えた。

「3年前に1セット販売実績がございます」

「え、3年前。じゃあ、ここ2年は売れていないの？」

「はい、というよりこれは売る商品ではなく見せる商品です」

「見せる商品？」

「ええ、私はこの売り場を20年担当しておりますが、みちのく百貨店では家具売り場では桐ダンスを前面に置くという習わしがあります。これがその辺の家具屋との格の違いを表しております」

あなたはこの話を聞き、どのように判断しますか？

A. 売れる商品に変更するように指示する
B. 家具売り場担当に任せる
C. 商品構成の見直しと人員配置の見直しを検討する
D. 桐ダンスの値段を見直すように指示する

解説4 **【新陳代謝力】** 一定割合を入れ替えろ

経営思考はどこに問題点を見つけるかという問題発見力を重視します。

とくに経営者の立場から仕組みや考え方の硬直化という問題を発見している選択肢Cは

評価できるでしょう。

経営思考では「現状維持」という言葉はありません。現状維持と捉える時点で問題が見えなくなっている可能性があるからです。

常に環境は変化しているわけですから、常にそれに合わせて変化する必要があります。

これを変化対応力といいます。

経営の観点から変化させなければならないポイントをいくつか紹介しましょう。

まず人です。同じ人を同じ部署で変えずに働いてもらうと、いわゆるマンネリが出てきます。マンネリは現状維持ならまだしも、多くの場合改悪していきます。ですから一定割合で従業員の新陳代謝は必要ですし、部署のローテーションも必要な判断です。

サービスや商品も一定割合で入れ替えましょう。

とはいえ、経営者の多くが売れている商品やサービスを変えようとしますが、それは間違いです。

ランスの法則をご存じでしょうか？

１９７０年代にアメリカ行政管理予算局を担当したランスは、問題のない分野に多くの予算がつぎ込まれ、逆に問題が多い部分にほとんど予算が割り当てられていないことを指摘したことで有名です。

つまり「問題ない部分はそのままでよい」という法則です。

ですので、売れていないサービスや商品をリストアップし、入れ替える必要があります。

おそらく、作り手や売り手の想いが入ったサービスや商品もあると思いますが、それを入れ替える判断も経営思考の一つです。

そして経営者が最も嫌うのは「仕事のやり方を変える」ことです。

経営者の方は過去多くの成功体験を重ねてきました。

ですから、その成功体験はかけがえのない方法であり、仕事のやり方です。

しかし、その成功体験から年月が経っているのであれば、それはもう通用しない可能性が高いのです。過去のやり方を入れ替えるのも、あなたの重要な判断なのです。

○経営思考トレーニング4

——固定化しているものを変化させる。ルーチン業務や日々の行動、アプリのパスワードも定期的に変えることは経営思考のトレーニングになります。

選択5　眼鏡屋かキャラクターショップか？

みちのく百貨店本店には12のテナントが入居している。

そのうちの1つである2階の「眼鏡の山崎」を退店させて、キャラクターショップを誘致したいという稟議が回ってきた。

「なるほど今巷で噂になっている映画のキャラクターショップか」

テナント部長は答える。

「ええ、東京で大流行していて、これがかなえば秋田初出店でマスコミ取材も見込めます」

「その眼鏡屋さんはそんなにダメなの」

「ええ、なんせオープン以来からの出店で家賃契約が当テナントで一番悪いです」

「なぜ放置しておいたの」

「はい、このお店はメガネ販売が10％で後の収入はメンテナンスで持っています。ですから家賃交渉もできず、まあ、集客にはなっているのでいいかと」

「なるほど、店自体も利益はそれほど出ていないのか」

「はい、今回眼鏡屋のほうから当店の契約を年末で終わりたいと」

「相手からね……退店後どうするのかね」

「はっきりとは言っていませんでしたが、秋田北ショッピングセンターから誘致されているとか」

試算ではキャラクターショップの方が眼鏡屋よりも2・2倍のテナント収入が得られるとのこと。両方入居させることは面積的に無理のようです。


さてどうする？

A　眼鏡屋を継続する
B　キャラクターショップを入れる
C　キャラクターショップ以外のテナントを入れる

解説5 【中長期的視点】目先の利益より中長期的な利益を追求する

経営思考は今だけよくてもいけません。中長期的な視点が必要です。

「今」と「この先」の二つの視点で判断をしましょう。AとBを選択した方は、目先の利益やメリットだけを考えていないかを振り返ってください。

キャラクターショップを導入することに中長期的にメリットを見出したのであれば、その選択肢が経営思考です。同じく眼鏡屋を継続するという選択肢を選んだ理由が、今後のメリットを見出したものであればいいでしょう。Cも同じです。

視点が中長期的かを確認してください。

私の会社での出来事ですが、先日ある部下が新規事業の計画を持ってきました。しかし、どうも二の足を踏んでいる様子。計画書を見ると初年度は利益が赤字のようです。

なるほど、これだけを見ていると事業は失敗するように見えます。

たしかに1年という期間で見れば損失ですが、3年、5年という期間で見なければ事業としての判断はできません。ですから部下には3年、5年の計画を作ってもらいました。

仕事には狩猟的な方法と農耕的な方法の二つがあります。

狩猟的な方法とは、とにかく目の前の利益を取り続け、利益がなくなったら別の利益を追求する方法です。いわば短期的なやり方です。

農耕的なやり方は、種をまき、苗を育て、実がなるのを待ちます。

そして、収穫した実の一部をまた次の種にする方法です。

もちろん、この方法では実がなるまで全く収穫はありません。

しかし、ある時期から安定して収穫が望めます。

狩猟的な方法は、取りつくすので安定しませんし、ライバルとの奪い合いになるわけです。

ですから、経営は農耕的な方法を選択します。

つまり、今の利益だけに目を奪われて長期的な利益を失うことがあってはいけません。

○経営思考トレーニング5

3年間・5年間の計画を立ててみましょう。

今は利益が出なくても将来利益になることが何かをその計画に盛り込んでみてください。

選択6　社長への謝罪要求

雑貨売り場で起きたクレームで私への謝罪の要求があったらしい。報告によると、パソコンに取り付けるUSBタイプの扇風機を当社に派遣されているメーカーの販売員が断りなしに取り付けて、その結果、パソコンの作成中のデータが消失したとのこと。販売員も当社の店員も顧客の同意を得たと言っている。ただ、その証拠はなく、私から見ればどっちもどっちだ。

顧客はかなり激高しているらしく、社長の私に直接の謝罪を要求している。

会議では、「社長を出すべきではない」「このままでは裁判されるので社長に一言お詫びを」と幹部同士が討議を続けている。

A　謝罪をする
B　謝罪をしない
C　しばらく討議を眺める

解説6 【我慢力】耐えるという選択

経営思考では「判断できても判断しない」という選択も評価します。なぜなら、あなたがすべて判断すると、従業員は経営者に依存し、判断しなくなるからです。その観点から今回の選択肢ではCが評価できます。

経営者は、その企業の最終決定者です。大きな企業になると、株主総会などが最終決定機関になりますが、実務上は企業の判断の最高決定者になります。

部下から見ると困難な判断は、上が決めてくれるのが一番良いと考えます。討議中もちらちらと経営者を意識している部下もいますし、リスクのある判断などは「最終的には社長にご判断を」と上手に判断を振ってくる部下もいます。

そのように振られると「何やら判断しなければ自分自身の権威が落ちるのではないか」と思ってしまうのも経営者の性で、ついつい判断をしてしまいがちです。

しかし、社長は最終的に決めることができる一方で、自分が決めると他の人間は決めないという危険な状況を作り出すデメリットもあります。

部下同士の意味のない討議や堂々めぐりの会議などに参加していると、本当にいらいらします。だから口を出したくなりますが、経営者が口に出すと、その場で会議は終了です。会議というものは、物事の解決策を見つける意味合いもありますが、お互いの考えをぶつけ合うトレーニングの場です。経営者の我慢しきれない発言はそのトレーニングを打ち消してしまうのです。経営者は判断できても判断しない我慢が必要なのです。

特に現場をよく知っている経営者はついつい口を出したりしてしまいます。

そこをぐっと堪えて、現場には現場の仕事の進め方があるのかも、と考えてほしいのです。

我慢も能力の一つです。我慢を続けると我慢できるようになります。我慢は「根っこ」を育てます。多少のことを言われても揺るがない根っこが付くまで我慢をしてください。

◯経営思考トレーニング6

今まで自分が判断していたこと、会議で発言していたことなどを少し我慢してみましょう。上司としても経営者としても「我慢する力」は大事です。

選択7　シナジーを追求

みちのく百貨店は東北鉄道秋田駅前の一等地にそびえている。

いわば鉄道の発展と一緒に成長した歴史をもつ。

その関係上、長年にわたり業務提携を続けている。

一方で、先日航空会社「東亜航空」との提携話が持ち上がってきた。

秋田は東京からは鉄道というアクセスもあるが、最近は東亜航空の羽田便も増便されてきて注目されている。

東亜航空と東北鉄道は、いわばライバル同士、両方との業務提携は、両方からの信頼を失う可能性があり、先代の父も悩んでいたようだ。

東北鉄道との業務提携での具体的な取り組みを企画担当役員にヒアリングした。

「えっと、秋田駅へのみちのく百貨店広告出稿と、年に一度の秋田駅改札前での物産展、あとは月に一度の秋田駅前店主会の開催ですかね」

営業担当役員から提案がある。

「東北鉄道さんとは長年のお付き合いですが、そのデメリットで東亜航空との提携ができなくなっています。東亜航空からは機内販売の提携や東亜航空オンラインサイトでの販売の誘いがあり、提携メリットは東北鉄道より高いですが、東北鉄道の顔色はよくない」

「社長、どうしましょうか」

あなたはこの業務提携をどのように判断するか？

A　両方と業務提携を進める
B　東亜航空との業務提携を進める
C　東北鉄道との業務提携を進める
D　両方との業務提携をあきらめる

解説7　【相乗作用力】「1＋1＝3」以上を目指せ

経営思考では、お互いの相乗効果を活用するプロセスが求められます。

相乗作用をという観点からはBの選択肢を取るのが良いでしょう。もしくはAの選択肢も評価できます。ただし、あなたの頭の中に「付き合い」だけではなく「シナジー効果」という考え方があればの話です。

シナジー効果とは、二つ以上のものがお互いに作用し、一つでは出せない効果や効用を生み出すことをいいます。経営思考では、自分たちだけで顧客の価値を生み出すという考えは通用しません。なぜなら、一つだけで生み出す価値には限界があるからです。

ですから「相乗作用」という考え方を常に持ちます。

この相乗作用とは経営戦略だけではなく、一般のビジネスでも活用されています。

たとえばイベントでは、別の企業が合同で展示会を行っているのをよく見ます。

採用活動も一社で説明会を行うよりも、多くの企業が集まって説明会を行うことで、多くの学生が来場します。いわば敵同士で手を組むことで、お互いメリットを享受できることもあるわけです。

一方で、自社の技術ややり方を過信して、かたくなに手を組むことを避ける経営者もいます。経営の鎖国政策ですね。賢い経営者は常にライバルを敵とみるのではなく、「相乗作用」で何が生み出されるかという発想の転換をします。

シナジー効果の原則は掛け合わせて「1+1=2」以上になるかということです。お互い手を組んでも相乗効果がなければ意味がないからです。

参考までに「シナジー効果」の対義語で「アナジー効果」という言葉があります。これはシナジーの反対で相乗作用が「1+1=2」以下になることを指します。

たとえば、ショッピングセンターに100円均一のお店を2店舗入れても、販売している商品のくくりが一緒であれば食い合いになるなど効果が下がります。

一般のビジネスで言うと、優秀な人材とよく似た人材を同じ部署に配置しても、お互いが依存しあったりするなど十分な能力を生み出さないなどのケースもアナジー効果です。

経営思考とは「1+1=2」以上にする判断で成り立っていると言っても過言ではありません。

○経営思考トレーニング7

自部署だけで完結していた業務を、他部署や外部を巻き込んで発展させてみよう。

一緒にやることで生まれる効果を考えることで経営思考を育みます。

選択8　マーケティング担当からの提案

今日の会議で営業部のマーケティング担当からの報告があった。

熱帯魚ブームが起きているらしい。

なるほど、癒しにもなるし、少子化の若い世代に受けているらしい。

今日のテレビニュースでも取り上げていたな。

当店にもペット売り場はあるのだが、まあ、取り揃えは金魚とメダカくらいだ。

販促部もマーケティングの提案に幹部たちは大盛り上がり、売り場改装案で東北最大の熱帯魚売り場を作るというものだ。コストは2000万円、このブームなら2年で投資回収はできる見込みで、早ければ初年度で回収可能だ。どうする？

A　すぐに売り場改装を進める
B　まずは1000万円程度でテスト的にやってみる
C　投資はしない

解説8　【遠視力】ブームには乗らない

経営思考では中長期的な視点と計画能力が重要です。短期的な視点で物事を判断しないことを評価します。その観点からは選択肢C、もしくはBが評価できます。

まずは私の失敗談から聞いてください。

私がダイエー時代に初めてマネジャーになったのは「ワインショップ」でした。2000年のワインブームに乗っかった試験的な売り場で、おけば売れるという状態でした。マスコミなどでも取り上げられて時流に乗った売り場と評価されました。

この売り場にはかなりの投資がされて、ワインセラーや世界のチーズを並べるリーチインなどが配置されました。

ただブームはいつか終わります。ブームが終わった後、この売り場は重荷になりました。

特にワインセラーは在庫置き場になり、チーズもスライスチーズがずらっと並べられる始末で、元の売り場に戻すにも投資が必要になります。もっと困ったのは、ワインファンとして残られたお客様を裏切ることになり、お店の信用もなくなることです。

短期的な視点で得られるのは短期的な利益だけではないということなのです。

環境の変化に対応するのも経営であれば、それがどの程度の周期の変化なのか見抜くのも経営思考です。ブームに乗っかると一攫千金を得る可能性もありますが、それより経営はこれから先も安定的に成長することが大事なわけです。

現場が盛り上がっていても、石橋をたたいて渡る判断をすることも経営思考の考えではないでしょうか?

従業員が短期的な視点であれば、経営者はそれより先を見る「遠視力」を持っておきたいものです。

○経営思考トレーニング8

環境の変化が起きたときに、それを無視したり、すぐに乗ったりするのではなく、どの程度の期間の変化なのかを予測する。何かに書き留めておいて過去のブームを分析する。

選択9　レポートの山

私が原因なのかもしれないが、指示や確認をすると大量の報告書や資料が回ってくる。あわせて新規事業などの定期報告も増えてきた。机の上には書類の山、メールボックスには未読メールが処理しきれないほどたまっている。

営業、販売、業界分析、そもそも会議に出るたびに書類が増えるし、この情報をどうするべきか?

A　秘書に読ませて必要な部分を報告させる
B　報告させる情報量をこちらから指定する
C　読んだふりをしておく
D　データベースに格納し、後ほど精読する

解説9 【情報収集力】情報の吸い上げ方

経営思考では情報を処理するよりも、情報をあらかじめ制御する思考が必要です。この観点からは選択肢のAが評価できます。自分に必要な情報を取捨選択させているからです。

さらに選択肢Bもフォーマットなどで必要な情報だけを報告させる行動ですので評価できます。

会社の中で一番多くの情報が回ってくるのが経営者です。いわば電車で言う終点にあたるターミナル駅が経営者だからです。ですから、情報をどのように分析するか、いかに迅速に正確な情報をつかむかが経営思考に求められています。

経営思考の情報分析力には「取捨選択」が求められます。

担当者や現場にいればいかに多くの情報を持っているかが、仕事や判断の質を上げることにつながります。

雑談ネタも時事ネタも、そして商品や顧客の情報、そしてライバル社や業界の情報などを知っておくと成績が伸ばせるかもしれません。

しかし経営思考になると高い立場にいるので、見えるものの範囲も現場と比べ物になりませんし、入ってくる情報量も桁違いです。

ですから入ってくる情報をどのように処理するかと考えるのではなく、ほとんどがノイズであると考えます。

そう考えないと情報をさばくだけで相当な時間とパワーを浪費するからです。

ノイズとは無駄な情報を言います。

ノイズが多ければ多いほど意思決定も迷いますし、何しろ迅速な判断ができません。

自分自身でノイズかどうかを見極めてもいいのですが、できる経営者はノイズを振り分ける仕組みを持っています。

まず、上がってくる情報の選別を部下に任せたり、要約させたりします。

たとえば営業成績のレポートが上がってきたとしましょう。どこの取引先にどの程度の売上があるのかは経営判断にあまり使いません。

ですからこのような情報はあらかじめ削除させて、必要な情報だけを報告させるのです。

このときに部下は経営者がどのような情報が欲しいのかを知らない可能性があるので、こちらからフォーマットを作りそこに入力させるのです。

次に異常値のチェックです。経営判断に大事なのは少しの数字のブレよりも、異常値が出ていないかです。

売上や経費、キャッシュフロー、退職率やクレーム率など、各種指標を見ながら経営をしますが、短期的なブレや多少のブレはあまり気にせず、異常値をチェックして早めにリスクを排除します。異常値は悪い数値ばかりではなく、良い数値もチェックしましょう。たとえば今年の新入社員が3%退職した、としましょう。これが毎年20%の退職率なら3%は良い数字に見えますが、異常値には違いありません。

退職率を見込んで採用しているとすれば人件費オーバーにつながり経費増になるからです。次の新卒採用の見込みを至急修正しないと人件費倒れにつながる可能性があります。

ベンチマークも大事です。人件費比率や生産性、残業時間など見るべき指標が多くありますが、すべてを見ることができませんから、一定の視点を決め、定点観測するわけです。

定点観測をすれば、時系列で分析することができ、なにがおきているのかを　見ることもできるわけです。

最後に情報の視点を変えるということもお話ししておきましょう。

社内にいると社内の情報ばかりが先行し、時に情報の偏りが生じます。

製造業なら作り手側から、販売業なら売り手側からの情報に偏るわけです。

経営は社内だけを見るのではなく、お客様から直接声を聞くルートや、外から見た自社の分析など様々な角度から情報を集めて経営判断をしましょう。

レストランなどには「社長室直行便」があったり、社外のミステリーショッパーと言われる覆面調査によってサービスの分析を顧客視点で行ったり、業界団体からの視察を定期的に受け入れるなどにより、確度のある情報を集めて活用します。

このように経営思考ではより正確に判断するために必要な情報を、ダムを作り調整したり、様々な川から引き込むかのように様々な観点から仕入れたりすることが大事なわけです。

○経営思考トレーニング9

情報量を調整する仕組みを作りましょう。部下に報告する基準を作ったり、こちらからどの情報が必要でどの情報は不要なのかをフォーマット化するなどの行動です。

選択10　ラーメンを食べるのか、流行を感じるのか

私は秋田県のラーメンは大好きだ。

特に煮干しの出汁がよく利いた中華そばが地元でも人気がある。

しかし、今日出社したときにロードサイドにできていたラーメン屋は大混雑して国道まで車の流れが悪くなっていた。

豚骨ラーメンが売りの店らしい。

そういえば最近増えてきているな。

特に九州系の食材を使った飲食店が街中にも増えつつある。

これはうちの商売に何か関係があるのか？

A　ただのブームであるので放置する
B　豚骨ラーメン店をテナントでいれられないか検討する
C　九州系の食材がなぜ売れているのか調査してみる

解説10【時流把握力】

経営思考を持っている方は時流に敏感です。

時流とは人の嗜好や価値観などの流れです。

その流れをキャッチしているという側面からは選択肢Cが評価されます。

選択肢Bも時流はキャッチしていますが、ブームに乗っかるという短期的な判断という側面もありますので注意が必要です。

世の中の出来事や人々の関心のありかにいつもアンテナを張っています。

ブームに乗らないということも経営思考ですが、時流に鈍感になれということではありません。むしろ時流には敏感になっておく必要があるのです。

たとえばコンビニエンスストアに立ち寄ったとしましょう。

そこに目新しいおにぎりが並んでいます。

通常なら「新商品か」程度で終わると思いますが、経営思考のある方は、「なぜこの商品が売れているのか」という疑問から入ります。

そして、そこから得たヒントを自社の何かに取り入れられないかとすぐに結び付けます。

コロナの時代にあるコンビニがビニールシートを対面レジに設置しましたが、そうした新しい動きが出はじめたとき、それをどのように捉えたかで経営思考の差が出ると思います。

オフィスでのしきりに必要だと考えたり、ビニールシートが不足するなら買っておこうと考えたりする人もいたでしょう。

単なるブームに乗るよりも、変化の根底にある時流を押さえることが経営思考では重要なのです。

経営思考を鍛えるには、つい最近見つけた変化を深掘りすることです。

現象の裏に何があるのかと考える経営思考は深くなるのです。

○経営思考トレーニング10

今売れている商品をチェックし、常にその背景を探りましょう。時流のアンテナをのばすトレーニングにもなります。

選択11　後手に回ったバーゲン

百貨店の稼ぎ頭はなんといっても衣料品だ。しかし、その衣料品が低迷している。もともと低迷していたのだが、今年は過去にないくらいの冷夏だ。

商品の半分ほどは返品できるのだが、それでも何か手を打たないとならないと討議をしているときに悪いニュースが流れてきた。

ライバルである秋田北ＳＣのバーゲンセールが例年より１か月前倒しで始まった。不意打ちだった。大量のテレビ広告やラジオ広告が投入されている。このままではライバルに先を越されて、ただでさえ不良在庫が懸念されるなか打撃を受ける。

衣料品部からは追随してバーゲンセールを前倒しするのと、例年の２倍の広告費の要求が来ている。

「みちのく百貨店の意地を相手に見せつけましょう。ものはこっちがいいので勝ちますよ」

バイヤーからも「メーカーからもバーゲン用の商材を集めましたから秋田北ＳＣを圧倒

できます」とのこと。

一方で財務担当からは「焼け石に水ではないか」との声もある。

さてあなたはどのように判断するか？

A　すぐにバーゲンを開始し、宣伝費を追加して対抗する
B　バーゲンは開始するが、宣伝費は抑える
C　通常通りのバーゲン開始を指示し、別の戦略を検討する
D　現場に任せる

解説11　【戦わない力】消耗戦に巻き込まれない

経営思考は相手に巻き込まれないように判断します。

その観点からAの選択肢は評価できません。なぜなら消耗戦に陥るからです。

「相手に対抗しないと負けるじゃないか」とおっしゃる方もいるでしょう。会社を潰さな

いためにも戦うべきです。しかし戦うことは消耗することでもあります。

経営思考は戦う場所を選択するプロセスを大事にします。

消耗戦に入らないように、戦う領域を選ぶのです。

私が以前働いていたスーパーのダイエーも厳しい競争下にありました。

同業のスーパーだけではなく、専門店やネットショップ、コンビニもライバルでした。

それは扱う商品が同じであれば、お客様は価格が安いところ、そして利便性が高いところに行くから当然です。

日清のカップラーメンであればどのスーパーで買っても同じ商品です。

そうなれば価格競争に突入します。

「相手が１２０円だから当店は１１５円で売ろう」

そのようにして値段を下げると、ライバルはさらにその下をくぐってきます。

「では相手が１００円だから95円」

このように価格を下げると、当然利幅が少なくなります。

経営を成り立たせるには、コストを下げるしかありません。

本来かけなければならない接客やサービスのコストを下げます。

そうすると、さらにお客様が離れるので、想像通り負のスパイラルに陥ります。

その経験から私が経営するインバスケット研究所は、消耗戦に巻き込まれない独自の領域でビジネスを展開しています。

「うちにしかない」という付加価値を大事にしているのです。

つまり競争相手がたくさんいる分野（レッドオーシャン）で戦わず、競争相手がいない領域（ブルーオーシャン）で〝戦わず勝つ〟を目指すのです。

○経営思考トレーニング11

誰でもできる仕事はしない、ことを意識してください。

そのためには自分しかできないことで、相手が価値を見出すものを考えましょう。

人と同じことをしている限り、相手より安いかより長く働くかのどちらかになります。

選択12　婦人服ブランドの選択

結局通年通りのバーゲンを開始したが、バーゲン期間中の売上は昨年対比の68%だった。夏物衣料は過去にないほどの散々な結果になった。

再起を図るべく、衣料品の販売戦略を見直ししようとした矢先、衣料品課長が眉間にしわを寄せながら報告に来た。

「実は15ブランドのうち7ブランドから、撤退もしくは賃料を下げる要求が来ております」

当店の衣料品は平場と言われる直営の売り場と、売り場を貸して賃料を得るテナント売上から成り立っている。

テナントには15のブランドが展開され、その売り場は各メーカーが自社の販売員で営業しているのだ。

「7ブランドって半分じゃないか？　理由はなんだ」

「売上不振です」

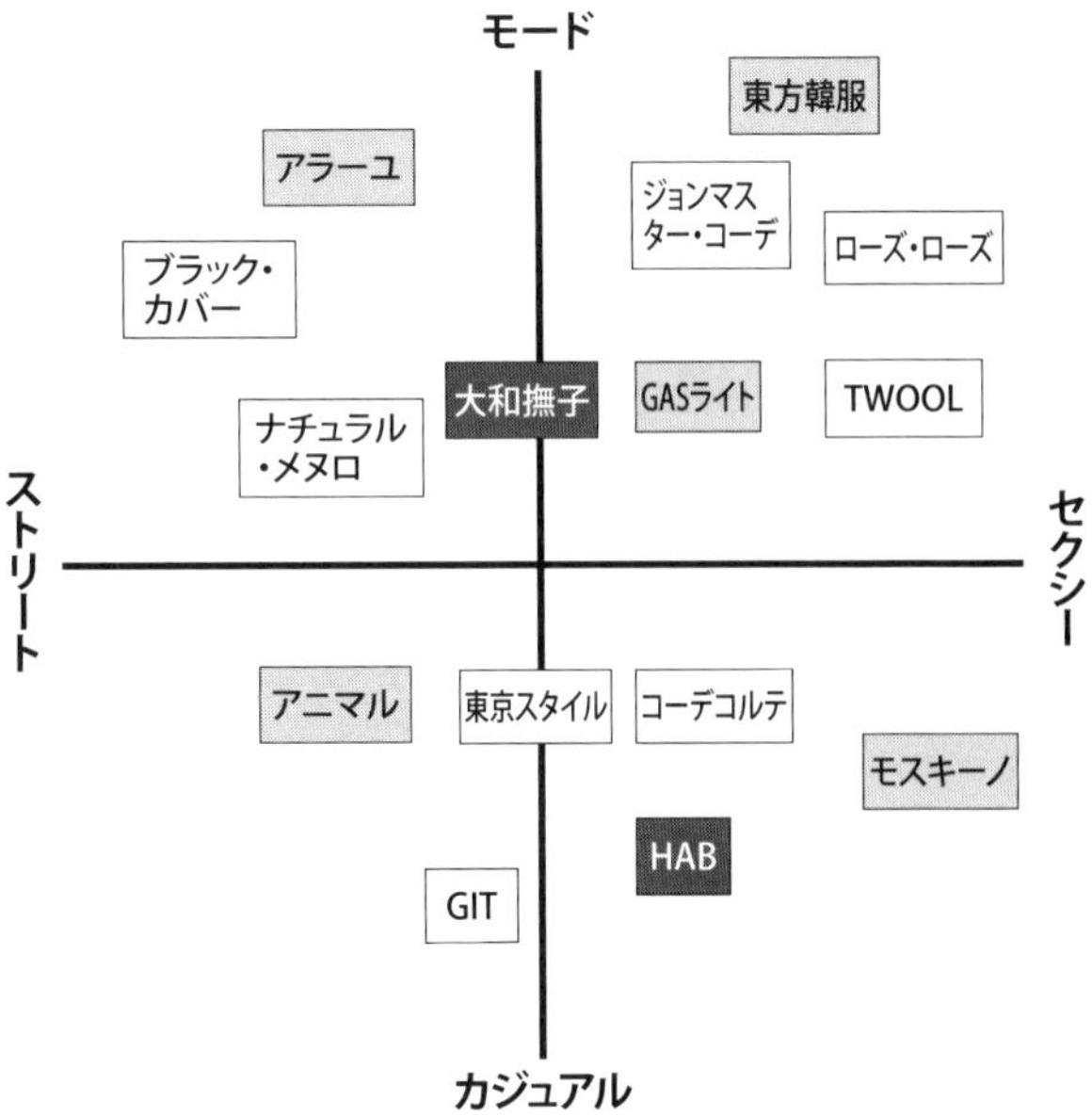

なるほどな。直営がこれだけ打撃を受けていれば当然テナントも影響を受けるだろう。

衣料品マネジャーは資料を見せてきた。

※モード　流行に敏感な顧客向け

セクシー　適度な露出があり、ボディラインを見せたい顧客向け

ストリート　ルーズでラフなイメージを求める顧客向け

カジュアル　砕けた雰囲気の軽めの服装を求める顧客向け

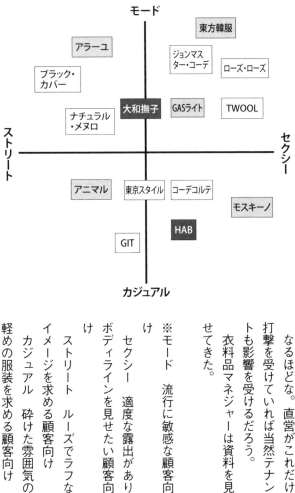

「婦人服だけでもこれだけあるんだね」

「ええ、東北随一のブランドを集めて、子供、お母さん、おばあちゃんの3世代がそろって来店いただけるブランド構成です」

「ほう。でも、半分が撤退希望か……」

「ええ、以前よりかなり歩率は下げているのですが、なんせ、秋田北SCができて以来、あちらのブランド数が当社より上回りまして……あと1ブランド当たりの面積が狭いのも品ぞろえに影響しています」

「なるほど」

あなたはこの撤退をどう判断しますか？

A　賃料引き下げを実施し、ブランドを維持する
B　賃料引き下げは拒否し、空いた部分は直営で売り場展開させる
C　ブランドの構成を再構築する。どこかの部分に特化したブランドをそろえる
D　入ってくれるブランドを優先し、空き区画を作らない

解説12 【セグメント力】生き残るには「なんでも屋から脱却」

経営思考では取捨選択が求められます。すべてを維持しようとすると、すべて中途半端になるからです。その観点からCが経営思考では評価されます。Bでも何かに特化するのであれば素晴らしい選択です。

限られた資源をどこに集中するかを決めるのが戦略的判断です。

それが「なんでも屋からの脱却」の第一歩です。

そのためにはセグメントを行うことが必要になります。

セグメントとは分類することですが、よく使われるのがマトリクス分析です。

一般的に2つの切り口から縦軸と横軸の表を作り、お互いの相関関係を分析したり、抜け落ちたりしている部分を見つける手法です。

経営分析で「金のなる木」や「問題児」などという言葉を聞かれたことがあると思いますが、これはボストンコンサルティングが開発した「BCGマトリクス」で、マトリクスを用いたものです。

マトリクスで見れば、どの部分に力を入れるべきなのか？　既存の事業展開の現状把握と評価もわかりやすくなります。

どの事業やどの領域に限られた資源を投入するべきかを判断する材料になるでしょう。仕事に当てはめると「どんな仕事も一通りできる」ではなく、「ここがまさに自分の分野である」と言える仕事を持つことが生き残ることにつながります。経営思考では、どの部分に集中し、そのためどのような選択をするかの判断が必要なわけです。

何でもあるのは「何もないこと」、そして何でもできるのは「何もできないこと」なのです。

○経営思考トレーニング12

会社内であなたがどの位置づけにいるのかマトリクスを作ってみよう。

「安定性」「実行力」「巻き込み力」「判断力」など様々な軸で分析し、同僚やライバルもそこに落とし込めばあなたの今後の立ち位置がわかるメリットもあります。

選択13　指定制服店から解除される

悲劇の衣料品だが、まだ事件は続く。

百貨店には外商と呼ばれる部門がある。これは店内で物販をする以外にも、得意先などに注文を受けに行き、物販を行う部門である。

みちのく百貨店では外商率が４割を超えている。

その外商部長が血相を変えて事務所に飛び込んできた。

すぐに専務のもとに行き耳打ちをしている。

専務の顔が曇る。よくない報告のようだ。

「実は秋田青峰高校の指定制服専属店の契約が今年で打ち切られるようです」

外商部長は汗をかきながら言った。

「どういうことか」

私が声をかけると専務が話し出した。

「みちのく百貨店は県内高校の5校から指定制服を扱う店舗として専属契約を結んでいます。青峰高校もその一つで生徒が400名。これを一括受注していたわけです。しかし、この専属契約を解除し、県内のどの店でも扱えるようになるということです」

つまり自由化か。

「おそらく青峰高校がこの決定を下すと、残りの5校からも専属契約解除の通知が来るでしょう。売上にして……」

電卓をたたき外商部長は言った。

「青峰高校だけで約6000万円です。もちろん、当店も専売ではなくなりましたが、販売はできますので半分ほどは取れるでしょう」

あなたはどのような判断をするか？

A　過去の顧客データやその他のサービスと連携させて提案力を強化させる

B　コネを使ってなんとか専売を取り返す

C　他の高校の専売契約を取るように外商部に指示する

D　制服販売から撤退する

解説13 【創造力】ボーダーレス世界の判断

今回は創造力の観点からお話ししていきましょう。

創造力とは枠組みを超えた発想やアイデアを形にする能力です。ですので、今回の選択肢は従来の枠組みから外れた考えができているかで評価してみましょう。

BとCは専売制という枠組みの中での判断となっています。

したがって、創造力の観点からはAかDを評価します。特にAは枠組みを超えた発想と、別のアイデアを結びつけているので素晴らしいですね。

さて、枠組みとお話ししましたが、経営思考ではビジネスの垣根と捉えたほうがわかりやすいですね。たとえば八百屋さんは八百屋さん、お肉屋さんはお肉屋さん、それぞれある領域を守って垣根を作り、お互い共存共栄をしてきたわけです。

ところが、この垣根が今どんどんとなくなり、混とんとした世界になってきました。

いわば八百屋さんもお肉を売り始め、お肉屋も野菜を売り出したわけです。

私が子供の頃に利用していたファミリーレストランはうどん屋さんを本業の中心として位置付けています。現在は、垣根を超えてくるのがかつては同業界の企業だったのが、今は全く別の業界の企業が突然ライバルになることもあります。

かつての垣根にこだわるのではなく、自分たちの生き抜く領域を見出し、顧客への価値を作り出すアイデアをひねり出す必要があるのです。

たとえば、先行して得られたデータを活用した顧客への提案も考えられますし、百貨店の強みを掛け合わせ、そのほかの商品とのコラボやセット販売なども考えられます。

垣根は崩壊していますので、垣根を再度作り直すよりはそのような混とんとした世界でも生き残れる判断を経営者はしたいものです。

今まで一つの企業のある部門という枠の中で守られていた垣根が取り払われたときに、どのように生き残るのか、自身の強みをよく把握しておく必要があるでしょう。

○経営思考トレーニング13

自分の垣根を書き出してみよう。経営思考の創造力は、まず垣根があることを認識することから始まります。垣根の存在を知ればそれを超えることができるからです。

選択14　駐車場をなくしましょう

予想以上の売上の落ち込みに対し、コストカットは常套手段だ。

財務部からのコストカット案が上がってきた。そのうちの一つが不動産コストを下げる施策。契約駐車場の契約解除案が出された。月間約300万円のコストダウンであるが、一方で売上がそれ以上減れば逆効果の施策になる。

「どんな活用状況なのか」

施設管理課長に問い合わせると彼がこう答える。

「稼働状況は平日で20%程度、週末は80%程度、イベントが重なると100%になります」

本店店長はそれを聞いて答える。

「車で来られるお客様の客単価は通常の20%高いです。つまり上客なのです。都会ならともかく地方百貨店の顧客は車が主力です。駐車場は必須です」

お客様相談室長はこう言う。

「ただ、契約立体駐車場も古く、先日はワゴンタイプの車が天井に車をこする事故も起きています。今どきではありませんね」

さあ、あなたはどのような判断をするのか?

A　駐車場を実際に見て決定する
B　契約を継続するが駐車場側に要望をたたきつける
C　契約を解除する

解説14【現場情報力】判断は現場での鉄則

経営思考では重要な判断をする際に、自分自身で情報を得て確認するプロセスを取ります。その観点からは選択肢Aの行動が評価されます。

ここでは情報の取り方の種類をお話しします。

一つは「顕在情報」、もう一つは「潜在情報」です。

顕在情報とは、すでに世の中に出回っている情報のことです。

たとえば、ネットやテレビなどの情報や、部下からの報告や噂話なども顕在情報にあたります。潜在情報とは自ら取りにいかないと手に入らない情報のことです。

経営をしていると、社長自ら現場からすべて情報を収集するということは不可能でしょう。各部署からのレポート、経営数値、会議などからの情報で現場を予想して判断することになります。

これらは「顕在情報」を活用した経営判断ですが、本来経営を左右する判断は「潜在情報」を基にするべきです。それは先の項で述べた定量化という観点もあります。それ以上に経営判断をするうえで「最後は自分で確認する」というプロセスは必要不可欠だからです。

私は前職のダイエー時代に店長指導をしていました。

お店の経営を任せられている店長は様々なデータを頭に叩き込んでいます。

しかし、店長のもとに上がってくるレポートだけでお店を経営はできません。

経営の死角があるのです。上がってくる数値だけで判断しているととんでもないミスをおかしてしまいます。

たとえば、売上が下がっているという現象を、当時のＰＯＳデータから分析している店長がいました。しかし、ＰＯＳデータは売れた商品のデータです。売れなかった商品の情報は上がってきません。

何より数字が独り歩きすると、とんでもない勘違いが起きることがあります。

在庫回転率という指標があります。これは少ない在庫で売上をどう作っていくかという指標です。これだけを捉えていくと売り場はとんでもないことになります。

品切れだらけになるのです。品切れでお客様が怒って他のお店に流れているのに、店長は机の上のデータで満足そうにしているわけです。

数字はうそをつかないと言いますが、見えないところもあるのです。

だからこそ現場に行き、自分で現状を確認しましょう。実際に起きていることを自分の目で見て、耳で聞いて、体で感じ取ることは経営者にとって大事なのです。

重要な判断は社長室や会議室で決めるのではなく現場で決めてほしいものです。

○経営思考トレーニング14

数字や報告だけで判断するのではなく、重要な判断は現場に足を向け、あなたの五感で確認する癖を今のうちからつけておきましょう。

選択15　サテライト店の閉店交渉

駐車場は観察しているとある事実がわかった。

5000円以上の購入で2時間の無料駐車券をお客様にお渡ししている。その2時間駐車券はネットで転売されていた。つまり、車で来ていないのに無料券をもらい、それは期限が無期限なので、一般の利用者に転売できていたのだ。

一方で、秋田市外からの客の8割は車で来店しているという事実もわかった。

そこで、駐車券の利用を当日限りとするルールを加えただけで、不正転売もなくなり経費も月に80万円ほど削減できた。

次のリストラ策はサテライト店と呼ばれる地方店の閉店だ。

苦渋の決断であったが、秋田市郊外のニューみちのく、そして秋田市外では男鹿・横手・由利本荘の3店舗の閉店を決定した。

累積赤字は積み重なり、当然の閉店だったが、地域からの要望や従業員の雇用の問題から先延ばしにされていたのだ。

特にサテライト店の7割の赤字を占める男鹿店は何度も閉店の検討がされてきたのだが、出店の経緯と地権者との交渉の難しさから二の足を踏んでいたのだ。

しかし、不動産部からはこのような報告が来た。

「地権者からは『最低50年間撤退はしない』という条件で土地を提供した、と話を聞いてもらえない。男鹿観光協会からも観光に大打撃があるとして反対されている」とのこと。

誰かにこの難易度の高い交渉をやってもらいたいが……。

あなたならどうする。

A　幹部で討議して、撤退賛成派の中から人選する

B　不動産部が主管なので撤退交渉を指示する

C　自ら撤退交渉に打って出る

D　交渉力の高い幹部を人選し指示する

解説15 【合意形成力】相手に判断させたと思わせろ

経営思考では強いトップダウンでの実行力に合わせて、従業員に自主的に動かせる行動も評価されます。このケースでは難易度の高い業務であることから、指名よりも立候補型で任命する行動の選択肢Aが評価できます。

仕事を任せる際に「君に頼もう」という方法もあれば、流れで任せられたという経験のある方もいるのではないでしょうか？　これを合意形成型任せ方と言います。

一般的に指名型が多いですよね。会社が急成長しているときや危機的な状況の際には私はこの判断スタイルもアリだと思います。しかし、経営思考の中では様々な判断パターンを状況によって使い分けることが必要です。特に安定期や衰退期などは経営者がすべてを即決する判断スタイルよりも、合意形成型の判断スタイルも必要になってきます。

3つの理由があります。まず、部下に考えさせる力をつけること。すべてを経営者が決めていると、部下は判断を経営者に依存します。その結果判断力が育たず、いざというときに決められないのです。

2つ目はチームの結束力を高めること、討議などを通して判断の経緯に参加することで最終的なゴールを共通認識できます。それぞれの部署が別々のゴールを目指すと組織の力はフル活用できません。

3つ目が当事者意識を持たせることができます。誰かが決めたことをやらされるよりも、自分が決めたことの方が断然やる気が出ますよね。ですから上手な経営者は部下に考えさせて自分たちで決めたことのように合意形成を取っていきます。

私は戦国武将の武田信玄の合意形成スタイルが大好きです。

あらかじめ信玄は自分自身の判断を固めたうえで、部下に討議させて耳を傾けています。そして討議を褒めたうえで、自分の判断と同じ方向性の部下にその任務を任せたそうです。部下の立場に立ったときに経営者から意図しない任務を指示されるよりも、自分の考えを受け入れたうえで指示された方がやる気は倍以上違うと思います。

○経営思考トレーニング15

「相手に考えさせる」ことを実行しましょう。部下から相談を受けた際や指示を与える際のプロセスとして「考えさせる」を入れると、部下にも変化があるはずです。

選択16　リストラしきれない人員

サテライト店の閉店は人員削減を避けては通れない。長年貢献してくれた従業員を解雇するのはつらいが、本店でも人員過剰で受け入れができない関係で苦渋の決断をした。解雇する従業員は、周辺の企業への就職あっせんをしたのだが、男鹿サテライト店の店長が相談に来た。

荻窪という女性だけ何とかならないかということだ。この女性はもともとみちのく百貨店の本店に入ったのだが、サテライト店オープンの際に人事異動になった。

その異動のせいで夫とは離婚し、障害を持ったお子さんを抱えている。

仕事ぶりも真面目で秋田本店でも戦力になるだろうとの提案だ。確かに人生をみちのく百貨店に捧げ、年齢も50を超えるとなかなか新しい職場になじみにくいだろう。

しかし、サテライト店の従業員は全員整理解雇と決めている。私の権限でなんとかならないこともないが、どうしたものか？

A　例外なく解雇とする
B　秋田本店のどこかの部門に入れ込む
C　特別手当が出せないか検討する

解説16　**【客観判断力】**役になりきると判断できる

経営者は物事を冷静に判断することが求められます。

感情を入れすぎたりすると事実がゆがみ、その結果、判断もゆがむからです。

今回は感情移入していないという観点からAが経営思考的選択肢と言えるでしょう。

経営をしていると、採用や人事異動、昇格や降格など人に関わる判断で迷うことがあります。ドライに切り分ければ判断できるものの、人として冷酷な判断になってしまい、後々そのような判断をしたことを後悔しないか、と私も常に感じます。

しかし、感情移入すると事実が歪められて判断に狂いが生じます。

特に辛い判断をする際には、感情が入るほど判断ができなくなります。

私もコンサルタントとして経営者の方に助言すると、こう返されるときがあります。

「外部から見たらそうでしょうがね……いろいろとね」

このように情を入れるとあやふやになり、判断できないからです。

感情移入をさせないためにも「役」になりきってください。

辛い判断をするあなたは、あなた自身として判断するのではなく、与えられた「経営者」としての役割で判断をするということなのです。

経営者の役割は会社の経営です。会社を潰さないことなのです。

そのためには経営者として辛い判断をするのは、台本を読むことと同じです。

経営者という役割をどううまく演じるかが、あなたに求められることなのです。

○経営思考トレーニング16

役割を演じる練習をしましょう。上司としての役割を演じれば、部下にきっぱりと叱ることもできますし、上司から無茶なことを言われても部下の役割を演じていると指示を笑って受けることもできるでしょう。いくつも役割があるので、一つの役割が終われぱその前の役割のことは切り替える練習もしていきましょう。

選択17　接客は売れない原因？

現場を知るという意味で私が始めたものがある。それは社長直行便だ。

顧客が直接私にメッセージを伝えることができる目安箱のようなものだ。

役員たちは乗り気じゃなかったが独断で始めた。

少しの期待をもって始めたが、一日平均20件と予想より多くの声が届けられている。

総務で確認後、私がそれに目を通す。

ただ、9割は不満だった。

その中で気になっているのが「接客」に関するものだ。

みちのく百貨店の強みは何か？　と複数の幹部に聞くと、同じ答えが返ってくる。

「接客です」

なるほど、確かに、店内を回ると一人で買い物をしているお客様より、接客しながら販売している光景が目に入る。

一方で顧客からのアンケートでは、この接客を望む方よりも「接客がうざい」と考えている方が多いようだ。

そこで私は接客の見直しを指示したのだが、幹部は総反対だ。オンライン販売にも全員が反対をしている。

「みちのく百貨店の強みをあえて潰す必要があるのか」

「セルフはスーパーやディスカウントストアのやること。私たちの売りは寄り添う接客です」

このような声が社長の私に飛んでくる。

さてあなたはどのように判断するか？

A　接客はみちのく百貨店の強みなのでそのままにする
B　顧客が望むものが何かを全社で検討してみる
C　接客を全面的に禁止する
D　個々の従業員の判断に任せる

解説17 【壁を壊す力1】売り手発想を壊す

経営思考では組織の壁を壊すことも必要です。

接客はしなくてはならないという概念は明らかに売り手思考です。

大事なのは顧客の立場から考えることです。

接客をするかしないかではなく、顧客の立場から物事を見る発想への転換が求められます。したがって今回の選択肢はBが望ましいです。

先日、ある居酒屋さんでお刺身を頼みました。メニューには白身や赤身そして光り物の刺身の写真が載っています。しかし出てきたのはサーモン、タコ、イカなどメニューと似ても似つかないもの。盛り付けもきれいとは言えません。

さらに、「たこわさび」を頼んだら、ワサビ菜が山盛りでタコが一切れ上に載っていたということもありました。

さすがに確認すると、「これが当店のたこわさびです」と説得されました。

迅速に効率を求めるチェーン店ならではかもしれませんが、売り手思考は怖いものだなと思いました。

組織は経営者が思うよりあっという間に、顧客ではなく自分側の発想になりがちです。

誰のために仕事をしているのかというと、自分たちのために仕事をしているという発想になり、それが進むと当たり前になりがちです。

だからこそ経営者は一番お客様に近い立場にいなければなりません。

このような売り手発想の良くない組織風土や思考を潰す判断も必要です。

私もインバスケットの専門家ですが、講演でついつい偉そうなことを言ったり専門用語を使ったりしてしまいます。明らかに売り手発想です。

でも、講演を聞きに来られている方からすると「どうすれば仕事が楽になるか」を知りたいわけですから、もっと簡単にできることをお話しするべきなのでしょう。

○経営思考トレーニング17

実際の仕事でも売り手発想になりがちなことを常に意識しましょう。

上司から指示された仕事も相手が満足しなければそれは「いい仕事」ではありません。

相手がどうすれば満足するのかを常に考えておくと経営思考がついてきます。

選択18 知り合い？からの電話

「社長、お知り合いの田中様からお電話です」

田中……。どこの田中さんだろう。

「田中進次郎さまとおっしゃっています。同じ大学だとか」

うーん、田中は数名いたからな。どうしよう。

あなたならどうする？

A　拒否する
B　いったん変わって誰かを確認する
C　調べてから折り返し電話させる

解説18 【組織形成力】自分を守る防波堤を作る

経営思考では組織力の発揮が評価されます。

組織を作り活用する目的には、様々な要素がありますが、経営者自身が本来の仕事に集中できるようにする目的もあります。その観点からは選択肢Bは評価できません。

あなた自身が対応する労力や時間、そしてリスクを考えて経営者は動くべきだからです。選択肢はAかCが評価されます。組織は城であり、部下は石垣です。敵が直接本丸に攻め込まないように、様々な組織の作り方をしたりフィルターを作ったりします。

たとえば、営業の上手な方は担当窓口などを飛ばして、社長とコンタクトを取ろうとします。それは社長が最終決定者であり、うまくいけば大きな商談がまとまるからです。

逆に言えば、経営者に外部の人間がすぐに会えるというのは、リスクがある組織なのです。だからこそ幹部や管理職は経営層にとって防波堤となり、経営者を守る役割を求められます。幹部の一言と経営者の一言では重みが異なります。

幹部の一言で炎上したとしたら経営者が謝ることで収まるかもしれませんが、経営者は上司がいませんので、かばってくれる人がいないのです。

ですから経営者は自分を守る組織を作らなければならないのです。

たとえば、セールスの電話も相手もプロですからセールスとは言いません。

「○○と言います。内密にご相談があってお電話しました」

これだけで社長が電話口に現れる企業もあるわけです。まず自分自身が本当に対応しなければならない案件なのか、いくつかフィルターを用意します。それが仕組み作りです。

たとえば事前に登録した人間や組織しか電話をつながないようにするとか、いったん受けて総務などで裏付けが取れた人だけつなぐなどの仕組みです。社長自身が最終判断者ですので、そこに簡単に行きつけるようになっているとリスクもあります。

誤った判断をしたり、会ったという行動自体が悪用されるケースもあるからです。無防備なお城にならないように組織をうまく活用していきましょう。

○経営思考トレーニング18

ダイレクトに連絡を取れるのではなく、代理や仮受けの役割を部署内で作ってみましょう。お一人の場合は秘書代行などの業者の活用もいいと思います。

選択19　テナントか直営か？

不振の衣料品だが、食品部門は健闘している。

昨年実績をわずかに上回り、特に企画物は強い。

今日はみちのく百貨店最大の食品イベント「大北海道物産展」を企画している。

もともと年に一度北海道物産展を行っているが、今回は秋田西ＳＣに対抗する意味合いで百貨店の底力を見せる企画として「大」をつけた。

バイヤーが力をいれて今回の仕入れを説明している。

なんせ船一隻丸ごと買っているらしく楽しみだ。

しかしそこに鋭い声でテナント部の部長が割って入った。

「それは困る。例年通り、かに、えびはテナントである北海魚類が執り行う」

どうも、直営で仕入れたかに・えびと、テナントで仕入れたものがバッティングしているらしい。

まあ私としてはどっちでもいいのだが、口論がエスカレートしている。

「昨年テナントが売れているのをみて仕入れたつもりらしいが、それではこっちのテナントに対する礼儀が成り立たない。そんなことするなら、テナントをすべて入れず自分たちでやればいい」

テナントは売れた分だけ当店に歩率で納めるので、残っても当方には廃棄のリスクがない。

しかし直営の食品部も負けていない。

「そんなこと言うのなら、地下の食料品もすべてテナントでやればいい、直営は何もしない」

なんだ、なんだ、そんなやり取り、自分は撤退するという応酬になってきた。

おかしな話だ。

あなたはこの応酬に対してどのように介入しますか?

A　例年通りの取り決めで実施するように指示する

B　直営で仕入れたのならば、それでいいと指示する

C　テナントの信頼が大事だから直営に調整するように指示する

D　新たな企画部を作り、そこで仕切らせる

解説19【組織改革力】壁を壊す力

経営思考では組織間の壁を壊し、よい結果を出すことが望まれます。

その観点からは、Dの選択肢が評価されます。

先ほどの項では社内と顧客の壁でしたが、今回は組織間の壁のお話です。

経営者が悩む壁は組織間の縦割りの壁です。

「会社は一体だ」と社長は思っているわけですが、それぞれの部署は目標が異なり、部署間で利害が対立することから部署を防衛するためにこの壁は現れます。

俗に言う、縦割り組織と言われるもので、部署のセクショナリズムが優先し、組織が硬直化し、ときには内部崩壊も起こることがあります。

そのようにならないためにも経営思考では組織間の垣根を低くし風通しを良くする行動をとることが望まれます。

具体的には、部門を超えた人事異動を活発にして硬直化を防いだり、部門をまたいだプロジェクトの結成などがよくとられています。

また昨今では副業や兼業を許可するなど、新しいキャリアプランを従業員に作る機会を与え、組織の硬直化をなくそうとする試みもとられています。

手短には部門間の意見を交換できる場を固定で作ることも一つです。

部門のずれはOKだとしても、隙間が大きくなると企業活動に支障が出ます。

隙間を埋めるためにはお互いの意見を交換できるコミュニケーションが必要です。

○経営思考トレーニング19

仕事でも自然とその職場の壁があなた自身の中にもできています。

特に専門性や高い目標を与えられているとできるのが普通だと思います。

そのようなときは、本来何を目指して仕事をしているのかを認識して、全社の中で自分はどこにいるのか、そしてどの役割をになっているのかを考えることが経営思考を育てるポイントになるでしょう。

選択20　補助金コンサルタント

やれやれ、大北海道物産展は順調に進みだした。

このプロジェクトのリーダーはテナント部長が兼務することになった。

すると、すぐに態度を変えて「テナントよりも直営の底力を見せてやれ」だと……。まあ現金なものだ。

今日のスケジュールを確認する。今日もいろんな人が来るなあ。

金融機関、上得意先、地主、市議会議員、各種団体……油断をするとあっという間にスケジュールが埋まってしまう。

「あれ、この下野さんって誰だっけ」

秘書も頭を掻きながら答える。

「山本商工会長のお知り合いらしく、どうも断れませんでした」

「まあ、会ってみるか、会長の知り合いだとぞんざいにできないな」

その二人はやってきた。

初老の男性と20代後半らしいイケメンのビジネスマンだ。

名刺を見ると「事業支援コンサルタント」と書いている。

どうやら国や地域からの補助金を取り付けてくるというプロらしい。

イケメンビジネスマンは少したどたどしい話し方だが熱量は高い。

「社長、これがご提案書です。まずＩＴ導入補助金、そして事業再構築補助金、女性活用補助金、地域事業者継続補助金……」

「たくさんあるのですね」

私の合わせた言葉に初老の男性は話し出した。

「いえいえ、これはほんの序の口です。皆さん知らずしてかなり損をされている。たとえば、これだと書類をそろえるだけで月に１００万円ほど補助されます。１００万の利益をうみだそうとすると大変でしょう」

私は「確かに」とうなずく。

「でも補助金を取るには手間がかかるのでは？」

この質問に若い男性が答える。

「大丈夫です。私たちがサポートします」

「ほう、書類作成などをしていただけるのですか」

「いえ、ルール上は御社の社員さんが申請をしていただくことが基本になります。私たちはその指導をさせていただきます」

「当社がやるのですか」

「ええ、まずは2名ほど専属で社員さんをつけて頂ければいいでしょう」

「2名も」

「でも補助金の額はそれ以上にとれますから利益は出ますよ」

この提案にあなたはどうしますか？

A　保留する
B　社員を採用して進める
C　他部署から異動させて進める
D　他の業者に任せる

解説20 【本筋を見失わない力】補助輪では生きられない

経営思考では本当にやらなければならない部分に経営資源を投資するという選択と集中が求められます。その観点から評価するとAとDの選択肢が良いでしょう。

ここではあなたが経営者としてどこに経営資源を使うのかが試されます。

結論から言うと、本業である百貨店業に力を入れるべきです。

それは現状本業が不振であり、かつ新規事業も進めている背景があります。ここに力を入れ、中には余剰人員を使って補助金獲得を選択し、そこに集中するために人を割り振ると答える方もいるでしょう。

しかし、それは短期的な視点での判断となり、中長期的には補助金で事業は成り立ちません。ここではどこに力を選択と集中するかを考えていきましょう。

まずあなたに質問です。

あなたが会社を経営していたとして、１００万円の粗利益を出そうと考えたとき、あなたならどうしますか？

売上を上げて利益を出す方法。経費を絞って利益を出す方法。営業外の収益を上げる方法。大きくこの3つでしょうか？

営業外の収入とは、株式投資や不動産の売却益、そして補助金もそこにあたります。この収入は自転車に例えると一時的な補助輪のようなものです。

補助輪があれば、安心感と安定性を得ることができます。

しかし、補助輪はあくまで補助輪です。ずっと補助輪で生き抜こうとは思わないことです。補助輪を強化しようとするのは経営思考では「本末転倒」です。

なぜなら、本業を強め収益を上げるのが経営の本筋だからです。

何度も言いますが、経営思考ではどこに力を入れるべきか取捨選択が大事です。補助輪に力を入れてはいけませんし、収益に直結する部分を大事にしなければなりません。BtoCの企業であれば、顧客と接する部分を大事にしなければならないわけです。

ですが現実多くの会社が本業に経営資源を集中できているかと言えばそうではありません。ある程度成熟した企業は、直接部門よりも間接部門が肥大化する傾向があります。

間接部門は営業利益を生み出しません。なのに、うかつな経営者には優秀な人材や予算を直接部門から間接部門へ振り分ける傾向が多くあります。

実際のビジネスでも、どこに時間と力を配分するかで結果が変わります。たとえば、使われるかわからない会議の資料づくりや、無駄な社内調整などに時間をかけるのは本末転倒でしょう。

○経営思考トレーニング20

あなたの補助輪は何かを見つけましょう。そして補助輪を外すタイミングを決めましょう。そうすることが選択と集中の練習になっていきます。

選択21

多発するクレーム

いかんいかん、最近本業以外の部分に目が行きがちだ。ふいに机の上に置いている未処理箱の中のレポートが気になった。お客様相談室から上がってくるクレーム週報だ。

お客様の人数は3割減なのに、クレームの件数は4割増と徐々に増えている。

クレームの内訳は、接客が全体の4割、商品が3割、施設や設備が2割、その他が1割らしい。さらに自分で分析すると、接客クレームのうち半分は家具売り場だ。少し強引な売り方や説明不足、言葉使いなどの指摘が多い。

さて、あなたはどのように対応するか？

A　担当責任者に改善するように指示する

B　外部調査機関を入れて徹底的に改善する

C　社長が自ら店頭に立ち指導する

D　特に何もしない

解説21　【優先順位設定力】経営者が何からするべきか

経営思考では、本当に経営者がやるべきことの優先順位を考えているかを評価します。この選択肢の中ではCを選んでいる方は評価ができません。なぜなら、直接指導することは他に多くの案件を抱える経営者としてはやるべきことの優先順位は低いからです。限られた時間の中で、最大の結果を出すためには「優先順位設定」は欠かせません。優先順位とは、やるべきことの順番をつけることです。

パレートの法則を例にとってお話ししましょう。イタリアの経済学者のパレートは経済において全体の大部分は全体を構成する一部の要素で占められているという経験則を提唱しました。俗にいう「20：80」の法則です。全体すべてが大事ではなく、全体の20％ほどが全体の80％に影響を与えるというのです。

よくよく考えてみれば、私たちが顧客に提供するサービスも、一部のサービスが大部分の売上を占めていたり、全社員の中の一部の社員が大部分の結果を残しているともいわれています。

経営者は特別な仕事です。上司がいませんし、経営者にしかできないことはたくさんあります。ですので、その業務の重要性を考えて優先順位をつけて、ときにはやらなければならないことも、あえてしない取捨選択も必要です。

このようにやらないことを決めることを「優先順位」ではなく「劣後順位」と言います。この観点から選んでいるのであれば、今回の選択肢の「D」もあり得るわけです。

優先順位は経営思考ではとても重要です。

自身の仕事だけではなく、投資も優先順位を付けます。

私自身も経営者の方にお伝えするのは、全社員を均等の予算で教育するよりも、選抜して全体の2割に8割の予算を付けた教育をする方が結果が良くなるという提案です。

経営者が大事にするのは「経営」です。経営にかかわる重要な仕事を見抜いて、後は部下に任せることもしなければならないのです。

○経営思考トレーニング21

仕事でも、すべてをやろうという発想を捨て、どの部分に力を注ぐのか、まずは優先順位をつけてみてください。

選択22 行方不明の経理係長

そうだ、経営をしっかりしなければ。今一度全体の計画を確認しよう、と思い立ったそのとき、経理担当部長が会議終了後に神妙な顔つきで寄ってきた。彼は番頭的存在で経理はすべて任せている。

だから彼からの相談は「金がらみ」であることは明白だ。経費予算が足りないということだろうと思っていたが、どうも不穏な報告だった。

「じつは経理係長の不二山が、今週全く出社していないのです」

「体調不良か」

「実は……」

経理係長の無断欠勤ともう一つ大変な事実が判明した。

帳簿が合わない。

発端は先週の人事発令で不二山が異動になり、後任が引き継いだことだ。

そのときに3000万円ほど帳簿が合わないとわかった。

不二山は入社30年の大ベテランで、経理なら不二山と周りから信頼されている。

「まさか不正がばれて……」

そこへ経理課長が飛び込んできて部長に耳打ちをした。部長の顔がまたゆがむ。

「社長……彼は元気です。今彼の代理人の弁護士から退職届が届いたようです」

あなたはどのような判断をするのか？

A　今までの功績に免じて退職届を受理しておく
B　事実を確認して不正があればそれを弁償させる
C　対応は担当役員に任せて、監査などの再発防止策を検討させる
D　マスコミに漏れないように手を打つ

解説22　**【深層問題解決力】**　なぜそのトラブルが起きたのか

マネジメントの仕事は問題解決と言ってもいいでしょう。クレームを解決したり、目標

未達を解消したり、皆さんも常に問題解決をされていると思います。

経営層になっても問題を解決するという点では基本的に変わりません。

ただ、どちらかというと問題でも深層にある問題を解決するのが経営思考と言えます。

つまり経営思考では、個々の問題よりも、組織が抱える全体的な問題を対象とします。

その観点からはCの選択肢が評価されます。

問題には大きく二種類あります。それは見える問題と見えない問題です。

見える問題とは「現象面の問題」と言えます。

たとえば、〝クレームの発生〟や〝システム障害〟などがそれにあたるでしょう。

それに対して見えない問題とは「見える問題が起きた背景」にあたります。

クレームが起きた根本原因であるとか、システム障害が発生した背景にある本質的な課題がそれにあたります。

とっさにトラブルが起きると見える問題に注力してしまいますが、上位職になるとそれだけを処理するのではなく、再び同じ問題が起きないように「見えない問題」を処理することが求められます。

経営層になると、さらに深層の問題を解決することが求められます。

それはいろんな問題を引き起こしている舞台となっている部分です。

たとえば「社風」や「風土」などです。

みんなが和気あいあいと仕事をする社風からは協調性が生まれますが、競争や自立が生まれにくくなります。一方で競争心がみなぎった社風からは向上心などは生まれますが、組織の壁がはびこり、企業文化は醸成されにくくなります。

また、組織体制や企業防衛などの組織面の問題も経営の仕事です。

縦割り型に陣形を組むのか、マトリクス型に陣形を組むのかは経営者が考えなければなりません。

今回の不正も原因の追及はもちろんですが、なぜ仕事が属人化したのかとか、チェック体制やガバナンスは稼働していたのかを問題視することも経営思考の視点でしょう。

○経営思考トレーニング22

実際に仕事においても、起きている問題と合わせてその背景にある根本の問題を見つける習慣をつけることを意識してください。

問題を解決する仕事から、問題を起こさせないマネジメントに舵を切りましょう。

選択23 大学との関係
経理係長による不正使い込み額は2500万円だったが、顧問弁護士がすべて対応した結果、1500万円は返済され、あとの金額は3年の分割払いで支払うとのこと。

この件を受けて、外部監査機関と連携してチェック体制を強化した。

金がらみの問題が終わったら、次は人がらみだ。人事課長が「社長実は来年の採用計画の件でご相談が」と分厚い資料を手にやってきた。彼の提案は、秋田実業大学から毎年3名学生を採用しているので、来年も採用したいというものだ。

このリストラ進行中に新卒採用とは何を考えている、と怒鳴ろうとしたが、どうやらこの大学からは10年間学生を定期的に継続採用していることに加え、もう一つ理由があった。

それは人員を安定的に採用するために、この大学に累計1億円ほどの寄付をしてきたというのだ。その貢献が実って今の定期採用ができるようになった。

今回、採用しない判断をすれば、この大学との関係性が切れてしまい、今までの寄付額が無駄になってしまうとのことだった。さて、あなたはどう判断するのか?

A　例外として定期採用を続ける
B　採用はせず、寄付金を返却できないか交渉させる
C　採用はせず寄付金も切り捨てる

解説23 【損切力】埋没コスト

経営思考とは利益を重視します。言い換えれば、損失をそれ以上拡大しないという観点も評価されるのです。この観点から、過去の寄付額に引っ張られて、余計な人員を採用するのであれば、埋没利益を追求するということで選択肢Aは評価できません。

Bの選択肢も寄付金を取り返すという過去のコストに引っ張られ、そこに労力をかけるという点ではおすすめできない選択肢です。

この解説を読まれて、ひょっとするとあなたは「もったいない」と思われたかもしれません。その感覚は多くの経営者も持っており、「もったいない」という言葉をよく使います。

私も会社の経費で買った備品や設備が使われないまま放置されていると「もったいない

な」と感じ、活用するように指示をします。

すると部下は「どうやったらこの備品を活用できるか」考えて会議を開いたりします。そこで自分の判断の失敗を思い知るわけです。

使わないものを買ってしまったことはダメなことですが、その失敗を取り戻そうとするとさらに別の損失が発生し、損の上塗りになるわけです。このようにすでに使ってしまったコストや費用を「埋没コスト」と言い、ときに経営判断をゆがめてしまいます。

たとえば、すでにライバル社に先行品を出されたのに、今まで開発に投じた多額のコストを考え、勝算の薄い開発を続けることもあったり、長年継続してきたからと意味のない行事や会議を継続することも「埋没コスト」によりゆがめられた判断になります。

努力の姿勢を否定していませんが、経営者として「もったいない」という考え方から決断するのは、判断をゆがめてしまう恐れがあるので気に留めておきたいものです。

○経営思考トレーニング23

投資した金額やパワーを取り戻そうとしていることがないか確認し、勇気を出して損切りしてください。過去から未来への投資の切り替えスイッチになるでしょう。

選択24　大掘り出し物市

前回の「大北海道物産展」は過去最大の売上を確保でき、久しぶりの盛況となった。その影響か食品以外の衣料品や生活用品などの売上が伸びてきた。

二匹目のどじょうではないが、次は「大掘り出し物市」だ。みちのく百貨店でも年間様々なイベントがあるが、中でも掘り出し物市は人気イベントだ。

もともとはみちのく百貨店のルーツである呉服の展覧会が始まりだが、そのうち陶器や食器、カップやソーサ、衣料品からお歳暮ギフトの解体セールなど一大イベントになった。

昨年は入場制限をかけるほどの客入りで、警備や臨時駐車場、増設レジなどを配置した。他の百貨店のバイヤーも多く視察に訪れる。

今期はその掘り出し物市について役員間で討議されている。

「こんなときだからこそ、大々的に宣伝し、集客をして起爆剤にするべきだ」

と意気軒高な営業サイドに対し、財務サイドは、

「徹底的にコストを抑えるべきだ。警備や臨時駐車場、増設レジなどにかける費用はな

い」

というような討議が繰り返され、専務はまとめる。

「まあ、方向性としては大々的に実施するが、コストは抑えめでということで」

あなたはどのように判断するのか？

A　売上が多少減ってもコストを減らす

B　コストをかけても売上を上げる

C　コストを抑えて売上も上げる

解説24【アウトプット形成力】効率と効果の違いを知る

経営思考では効果を追求するのか効率を追求するのか明確に分けることが求められます。

今回のケースはいわゆる強みの企画ですので、効果を追求する点では選択肢Bが求められます。効率を求めるのであればAもありますが、この後の解説を聞いてその判断根拠を確認してみてください。

ある企業の経営者からこんな相談を受けたことがあります。

「残業時間が多いので減らしたい。かつ、売上も上げなければならない。どうしたらよいか」

労働時間を抑えながら売上を上げる。

これは理想ですが、現実はそう簡単に行きません。

なぜなら、この思考（理想）は効率と効果の両方を混ぜて考えているからです。

アウトプットを出すには二つのアプローチがあります。

まず効率です。これはある結果を出すためのコストを減らすという考え方です。

たとえばある工場で10時間当たり10個製品を作っていた部分を、工程を集約したり簡素化したりして8時間で10個作れるようになったというものです。

もう一つは効果です。これはコストを増やしてでも最大のアウトプットを生み出そうとするものです。

たとえばイベントなどで、今までに使っていない広告やキャンペーンを実施して、最大のアウトプットを引き出すというものです。効率を求めるアウトプットは、現状よりアウトプットが良くならないという環境に適しています。

一方で、効果を求めるアウトプットは、まだ伸びる要素がある環境で用います。何かを判断する際には「効率」を求めるのか、「効果」を求めるのか切り分けて考えましょう。

○経営思考トレーニング24

実際の仕事でも、今やろうとしている方向は効率なのか効果なのかを見極めていくと良いでしょう。どちらも追求している場合はどちらかに絞りましょう。

選択25　資金を使い切っての大勝負

着任して半年が過ぎた。

目先の問題が山積みだったが、徐々に先を考える余裕ができてきた。

今年の決算も何とか銀行に約束した数値は達成できそうだ。

しかし、大きな課題がある。

一つはみちのく百貨店本体の再生である。イベントなどの飛び道具で集客をしたが自転車操業状態なのは脱していない。

そこで再生プロジェクトを立ち上げた。

2つ目は新規事業だ。

百貨店事業は市場から考えると限界がある。別の事業を育てないと将来はない。

新規事業をスタートさせるべく、事業多角化プロジェクトも立ち上げた。

そして3つ目だ。

売上の8割以上を占める本店の賃貸借契約の更新を来月中に決めなければならない。

今日は3つ目の方向性を考えたい。

みちのく百貨店本店の土地は賃貸借契約だ。

この契約を更新するかどうかは今月中に結論を出さなければならない。

経営企画部からの試算では、更新した場合、建物の一部建て替えとリニューアルが必要になり5億円が必要。

経理部からの報告では借入や固定資産の売却と現在の資金をかき集め、5億は何とか捻出できるらしい。これなら雇用は継続できる。

賃貸借契約を更新しなかった場合は、本店を来年3月末で閉鎖しなければならない。閉鎖した場合でも3億円の費用が掛かる。

売上の7割が失われて、従業員のリストラも当然視野に入れなければならない。

さあ、あなたの決断は——

A　契約を更新
B　本店を閉鎖
C　更新するが費用を半分に抑える案を検討させる

解説25 【再建余力】 逃げ道は作る

決断とは、どちらかを選ばなければなりません。

しかし、博打ではありませんので、生き残る道は残しておかなければなりません。

今回は逃げ道を残すという観点からCの選択肢が評価できます。

経営をしていると決断しなければならないときがあります。その多くがどちらもリスクが高く、企業では倒産に直結する可能性がある判断で、これを経営判断と言います。

このようなときに判断を躊躇し、あいまいにしてしまうと、間違いなく破綻します。

これは判断できないのではなく、重要な事柄なので確実な方法を探そうとしたり、リスクを過大に感じて判断に踏み切れない状態です。

経営判断には100％確実な判断はありませんし、判断のタイミングを誤るとさらにリスクを高くしてしまうことがあるのです。

一方で決断は「危険」を伴います。経営思考の判断はこの危険をいかに減らすかを考えてしなければなりません。大勝負に負けて何もなくなったという判断はありえません。

どのような状態でも生きていく可能性も確保しなければなりません。なにもなくなれば、従業員への手当も出せませんし、何しろ会社を清算する際にも費用が必要なわけです。

つまり判断が誤ったときの最後の逃げ道を持つ必要があるわけです。

最近経営者の中で「勝負」を選ぶよりも「自主廃業」を選ぶ方も増えているようです。これは勝負することで倒産し、多額の債務を背負い、取引先や従業員に迷惑をかけることよりも、手元に資金があるうちに廃業を選び、周りはもちろん、自分の生活や将来を守ろうとする判断なのでしょう。

この選択肢も「背水の陣」で敗れた結果よりは「逃げ道を確保する」という点では評価できるでしょう。一か八かで出たとこ勝負は経営思考的ではないのです。

○経営思考トレーニング25

仕事でも、すべての資源を使い切り進むのではなく、失敗したときに再起が図れるだけの余裕は持っておくべきです。

必ず成功するとは限らない、いやビジネスは失敗する方の可能性が高いのですから。

選択26　仮店舗の決定

本店の改装計画が決まった。

建物本体の工事も入る影響で約1年間仮店舗での営業が必要となる。

仮店舗の候補が3つあるが、どれも甲乙つけがたい、どれも最終利益はほぼ同じである。

候補1は駅前の大型スーパーの跡地、ここは立地もよく移動距離も近い、しかし、老朽化しておりみすぼらしい、かつ面積が現状の4割になる。

売上予想は現状の8割。

候補2は一つとなりの駅前の商業ビルだ。ここは面積も現状のまま、建物も新しいが、駅が一つ離れるという点と賃料が高い。

売上予想は現状の7割。

候補3は市の施設を間借りする。

駅からは離れるが市街地である点と賃料がやすい。

かつ面積も現状と同じであるが、駐車場がない。従業員が通いづらいという意見がある。

売上予想は現状の7割。


さて、あなたはどの候補に決定するか？

1　候補1にする
2　候補2にする
3　候補3にする
4　どれも選ばない

解説26 【選択力】選べないのは基準と重みづけがないから

経営思考では、何か基準を作り、選択する判断方法が求められます。

つまり、何を基準に比べて判断するのかを明確にしていることです。

今回は、どの選択肢を選んでも間違いではありません。ただ、あなたの中に何に重きを置いてその選択肢を選んだのかを振り返ってください。

判断とはいくつかの選択肢から選ぶことです。一見簡単に見えますが、それがなかなかできない人もいるものです。

経営者も例外ではありません。ある経営者の方が幹部を選出するために当社のインバスケットを導入しました。インバスケットでは能力別のスコアが出されます。

たとえば、意思決定力は優れているがヒューマンスキルに課題があるタイプとわかったり、逆にヒューマンスキルは優れているが意思決定が弱いタイプとわかったりします。

経営者の方は二人のうちどちらかを幹部に選びたいわけですが、なかなか選べません。甲乙つけがたいのです。

このようなときの選び方ですが、結果が出ている10個の能力に求める能力の優先順位をつけます。そして上位の3つを決めます。

仮に意思決定力、洞察力、計画組織力が選ばれたとします。

ここで優先順位の高い項目ごとにウエートをつけます。

意思決定力50：洞察力30：計画組織力20などです。

そしてスコアをその計算式で出して総合点を出せば合理的に選べます。

つまり選択できないのは甲乙つけがたいのではなく、甲乙つける基準と重みづけができていないのです。

選択肢が出てからこの基準と重みづけをやろうとすると、主観が入ります。

だから選ぶ前に基準と重みづけを明らかにしておくといいでしょう。

○経営思考トレーニング26

職場で何かを選択するときに点数化する習慣をつけます。結構私たちは「なんとなく」決めています。なんとなく決めようと思ったときに合理的な意思決定のプロセスをたどってみてください。

選択27　全て好調です。

本店建て替えを従業員に発表すると、歓喜の声がわいた。

どうやら身売り話を信じている従業員がまだまだ多かったのだな。

でもモチベーションはかなり上がった。


今日は定例の取締役会。

各部門から報告がされる。

「先月は16か月ぶりに客数が昨年対比を上回りました」

うれしい報告だ。

「経費も水道光熱費が先月よりかなりダウンできました。各部署の協力に感謝します」

おお、これもうれしいね。

「お客様からこのようなお手紙を頂きました」

そうしてお客様相談室の室長は当百貨店の接客に対するお褒めの声を読み上げた。

先月の役員会議でかなり檄を飛ばしたからか。やればできるじゃないか。

ここはみんなをねぎらうべきか、さらに引き締めるべきか？

A　こんなことくらいで喜んではいけないと引き締める
B　報告を褒めつつ、悪い報告はないのかと問い直す
C　改善されたことを褒めて評価する

解説27　**【情報分析力】**　数字がすべてではない

経営思考では情報の性質をつかんで、情報を集めることも評価されます。特に悪い情報は上がりにくいので積極的に収集する行動が求められます。

その観点からはBの選択肢を取りたいですね。

経営者のもとには様々な情報が入ってきます。

それは組織図の頂点に経営者がいるからです。

通常組織図は階層式になっており、現場からの情報があなたに伝わるまでに複数の人間を経由しています。

つまり、事実と異なる情報が上がっている可能性があるわけです。

ここで情報の種類のお話をしておきましょう。

情報には「定性情報」と「定量情報」の二つがあります。

定性情報とは簡単に言うと、受け取り側によって意味が異なる情報を言います。

たとえば、「多額の損失が発生する」という情報は、人によって多額の取り方が異なりますのである人は1万円だと思い、ある人は1億円と捉えるかもしれません。

また定性情報は人の主観が入りやすい情報です。その結果、情報の質をゆがめることになり、重要な判断をする際には不適であると言わざるをえません。

一方で定量情報は、数値や固有名詞などの、誰が聞いても同じ尺度でとらえることのできる情報を言います。

1万円は誰が聞いても1万円ですし、30%は誰が聞いても30%なわけです。

ですから、ビジネスの場では定量情報を判断に使うことが多いのです。

しかし、経営者のもとにはよい情報は上がってきやすく、悪い情報は上がってきにくいという特性もあります。

誰しも上層部に嫌がられたくないから悪い報告はできるだけしたくないと思うからです。なので、上がってきた情報が定量情報だから事実であると思わないことです。

逆に経営者が知らなければならないのはよい部分よりも悪い部分です。

経営者が作らなければならない仕組みは「悪い情報も早く正確に上がってくる情報伝達システム」なのです。

○経営思考トレーニング27

あなたが報告する立場であれば、良い報告よりも悪い報告を先に正確に上げるようにしましょう。経営の判断には悪い報告の方が重要だからです。

選択28　道の駅やりませんか？

悪い情報を上げるようにというと驚く情報が入ってきた。

本業の収益を予想より下方修正しなければならなくなった。

好調だった食品売り場の総菜テナントが退店したのだ。

これもライバルのショッピングセンターが破格の条件を出し、当店から引っこ抜いた形だ。このままでは赤字転落は必須だ。何としても売上……いや利益が欲しい。

そんな中、県の有力者から紹介であるビジネスの話が舞い込んできた。

先日、秋田経済界の交流会で出来た人脈だ。

それは新しい国道バイパスの海岸沿いにできる「道の駅の運営」であった。

物販だけではなく食堂やオートキャンプ場の運営、業務内容には駐車場の管理やトイレを含む施設維持も入っている。すでにいくつかの県外業者から打診があるが、できれば地場企業で運営してほしいとのこと。

運営を一括受注することで最低利益保証（1か月500万円）は確保できる。

役員会では複数の意見が出た。

「安定した収入が見込めるのと、新しいビジネスチャンスではないか」

「郊外に拠点を持つことで、本店などとのシナジー効果が望めるのではないか」

という前向きな意見と、

「そもそもみちのく百貨店は老舗百貨店、どうして道の駅の運営をしなければならないのか」

「客層が全く異なりみちのく百貨店の看板でやることで、格が落ちる」

「従業員はトイレ掃除などやりたくないと思う」

など後ろ向きの意見が出た。

さて、あなたはどう判断する？

A　引き受ける
B　物販の部門のみ引き受けることで交渉する
C　引き受けない
D　駐車場管理やトイレ掃除はできないと伝える

解説28 【生き残る力】なりふりをかまわず会社を残せ

経営はプライドを守ることが仕事ではありません。会社を守ることが仕事です。

そのためにはCやDの選択肢を選んだ方は、本当に会社を生き残らせる決意があったのかを振り返っていただきたいと思います。

先日ある方が私にこう話してくれました。

「仕事がないんですよね」

無職になって1年、家族があり、家のローンもある。そのような状態で「仕事がない」とはおどろきました。仕事がないのではなく、選びすぎなのです。

もちろん選ぶなとは言いません。しかし経営思考では会社を潰さないことが第一です。

これを個人に当てはめると、生活を守ることが第一です。

プライドを優先させて、行き詰まることがあってはならないのです。

『海賊と呼ばれた男』で主人公のモデルになった出光興産の佐三社長は、本業の石油を扱えないときはラジオの修理をしたり、石油タンクの残油処理をしたりして会社を継続させました。

もちろん、なんでも屋になれとは言いません。

しかし、会社を残すためにどうすればいいのかを第一に考えるのが経営者としての義務ではないでしょうか
なりふり構うということは様々な枠組みが存在する状態を指します。

たとえば過去の栄誉や成功体験もそうです。

コンサルタントや講師などの仕事も、プライドが高い仕事です。

依頼が殺到し「先生」ともてはやされた時期を経験すると、仕事を選ぶようになります。

もちろん、この状態が続くことが一番理想ですが、時代によって環境が変わります。

そうすると過去の体験が重しになって、全く仕事がない状態にもかかわらず、〝仕事を選り好みする〟状態になってしまうのです。

○経営思考トレーニング28

あなたが窮地に追いやられたときを思い出して、どのようにはい出したかを考えましょう。それが次の窮地のヒントになります。

選択29　答えの出ない取締役会

本館改装の決断をしてプロジェクトが動き出した。

改装費用のローコストにあわせて、再度みちのく百貨店のコンセプトを見直すことになった。営業担当取締役は言い放つ。

「北秋田ＳＣから客を取り戻すためには、最新のトレンドを取り入れることが大事だ」

商品部からは真っ向反対だ。

「いやそんな面積はない、いままでの伝統と信頼を大切にするべきだ」

テナント担当取締役は全く違った意見だ。

「なにか強力なテナントを入れないと集客と収益は上がりませんよ」

これで6回目の会議で計15時間ほど費やしている。

全く打開する方向性が見えてこない。まさに迷走の会議だ。

さて、あなたはどうする？

A　多数決で決める
B　経営コンサルタントに決めてもらう
C　あなたがいいと思う方法を選ぶ
D　経営理念にさかのぼる

解説29 【理念徹底力】理念を徹底する

経営思考では理念を組織に浸透させるという行動が評価されます。

その観点ではDの選択肢を私は評価します。

Cの選択肢でも経営理念が念頭にあるのであれば素晴らしいと思います。

この項では理念がどうして必要なのかを考えてみましょう。

まず一言で言うと企業活動の「よりどころ」と言えるでしょう。

たとえば、あなたをはじめ、従業員全員が理念を基準に活動します。人はこの理念に共感して動くからです。

現場からのたたき上げの経営者からは「理念で飯が食えるか」とよく聞きますが、安定成長する企業にはこの理念は大事にされ、組織をまとめる骨のような役割をしています。

理念を作る際に注意したいのは具体的でなければならないということです。

あいまいな表現や精神的スローガンは人によってとらえ方が異なるので避けなければなりません。ですから「人間力」「心」などは理念に向きません。

わかりやすくシンプルなものがいいと思います。

私がいた前職のダイエーは「良いものをどんどん安く」が理念でした。当たり前じゃないかと思われますが、スーパーの仕事をしているとなかなかたどり着けない境地です。商売をしていると「安かろう悪かろう」であったり、「良いものは高くても売れる」という考えがはびこります。私自身も会社から求められる売上目標と利益目標で何度も葛藤しましたが、「良いものをどんどん安く」の理念に何度ともなく助けられました。

次に理念の浸透についてお話ししましょう。良い理念であっても現場に浸透していないと、宝の持ち腐れになります。理念を従業員が知っているだけではいけません。実際の行動が理念に沿ったものになっていることで初めて浸透と言えます。

実際は理念を一人一人の従業員に浸透させるのには高いハードルがあります。

従業員も入れ替わりますし、それぞれに価値観を持っています。

ですので、経営者自身が理念を実行するのは当然ですが、朝礼や会議、従業員とのコミュニケーション時に理念を伝える長期的な取り組みが必要になるわけです。

理念が浸透している会社は社内だけではなく、社外からも評価されます。

たとえば、どの従業員も理念を実行していればサービスの安定化につながります。あわせて顧客や取引先に企業姿勢が明確に伝わるのでファンが増えます。

これは私の話ですが、重要な判断や戦略を考える際に、理念があれば悩まなくなります。

経営者も人間です。迷ったり戸惑うこともたくさんあると思います。

そんなときにこの理念に帰ってみると、目の前の靄がすっきり晴れることもあるわけです。

○経営思考トレーニング29

経営者ではないあなたも理念を作っておいてください。

自分はこのためにこの社会に属しているのだ、というものです。

これが自分軸になり、これから様々な誘惑や惑いがあってもあなたを正しい方向に向けてくれるでしょう。

選択30　経営企画室長の退職

どうも馬が合わないと思っていたが、やはり退職の申し出があった。

理由は一身上の都合とのことだが、会社が傾くとその傾きかげんをよく知る側近から離れていくものだ。

ともかくこの経営再建計画を進めている最中である。

早急に後任を決めなければならない。

私としては若手で現場をよく知りそして数値センスのある、本店営業部長代理を後任に持ってきたいが、すでに営業派閥と商品派閥で激しいやり取りがあり、別の人間を推してきている。

営業部長代理を抜擢すれば、営業派閥からは優秀な人材が抜かれたという反発が来そうだし、商品派閥からすれば要所を営業派閥が占めることでクレームが来るかもしれない。

さて、あなたはどう判断する。

A　両派閥の整合性を持たせ社内を安定させるために商品派閥から人材を抜擢する
B　トップダウンで営業部長代理を抜擢する
C　両派閥のトップに対して話し合いの場を設けて調整する
D　外部から抜擢する

解説30 【根回し力】敵を味方にする方法

経営思考では無用なトラブルは避ける行動を評価します。

トラブルは味方を減らすだけではなく、敵を増やしてしまい、障害を作り出すからです。

その観点からは選択肢Cが評価できます。

もちろん選択肢BやDもあり得ますが、どちらにしても「根回し」は必要なプロセスです。

根回しと聞くと部下が上司に対して行うものと思われている方が多いです。

しかし、実際は上位職になればなるほど根回しは重要になります。

なぜなら上位職は周りを巻き込み影響力の大きい仕事をするので、敵を作るとうまく進まないからです。

戦わない戦略という項でお話ししましたが、敵を作ると戦わなければなりません。戦うためには労力も必要になりますし、時間も費やします。

だから敵をできるだけ少なくして、できるだけ味方につけて戦わないのは経営思考のベースなのです。

敵というと社外のイメージが多いのですが、実は社内にも多くの敵がいます。

実は、会社が衰退してなくなる原因の多くは内部崩壊です。ライバル社や競争に負けたという原因も実は自爆と言われる社内の要素によるものが多いものです。

派閥争いで本業に力が入らなかったり、優秀な人員の流出、モチベーションの低下があって、これらが会社の癌になるわけです。

その癌の原因は、土壌である会社の風土であり、まぎれもなく経営者がその原因を作っています。

ですので、無駄な衝突や争い、誤解を招かないためにも経営者こそ根回しを大事にしたいものです。

根回しとは簡単に言うと「報告・連絡・相談」のことです。

何かを決めたり、新しい施策を進めたりする際に、そのことで利害が生じる「利害関係者」にあらかじめ「報連相」をするだけです。

これをすることで、あなた自身の仕事をスムーズにするだけではなく、周りに無駄な衝撃を与えない効果があります。

いわば「判断の衝撃緩和剤」のような役目を果たします。

人事異動や評価、予算編成や方針策定などは経営者としてはベストな選択だとしても、各部署の責任者からすると必ず利害が生じます。

トップダウンという方法もありますが、これはどちらかというと押さえ込む方法であり、こればかりしていると押さえ込む力はますます必要になります。

それよりも、同じ押さえ込むにしても敵を作らない押さえ込み方をしたいものです。

○経営思考トレーニング30

会議や討議の前には必ず「根回し」をしておきましょう。

会議は「決める場」ではなく「決まったことを確認する場」と今から思考を固めましょう。

選択31　オンライン販売スタート

新規事業の道の駅事業は今月よりスタートすることになった。

まだまだ数百万の利益で焼け石に水だが、次の新規事業は期待している。

新規事業の〝みちのくオンライン〟だ。

従来の通信販売サイト「みちのく通信」をリニューアルしたもので、これからの主力収益部門と位置付けている。

3か月の準備期間を得て本日の正午オープンだ。

サイトも上々の出来で、マスコミもニュースリリースを取り上げている。

オープン記念特価品が前面に出ている。

「みちのく産白金ウニ250グラム999円」

友人からも取り置きをお願いされるほどのインパクトだ。

白金ウニは入手が難しい上にこのボリュームなら5000円はくだらない。

その他にもカニやアワビなどの海産物が特価で出ている。

発売同時にアクセスが集中することを予想しサポート体制も構築した。

あと2時間でサイトオープンだ。記念イベントのために着替えるか、と思ったときに通信販売事業部長が飛び込んできた。

「社長、お耳に入れておきたいことが」

どうやら今回のみちのく白金ウニを仕入れている業者「仲本海産」が東京の百貨店で中国産のウナギを国産と偽って販売していたというニュースが流れてきたのだ。

「うちのウニは大丈夫です」

とバイヤーは言うものの、仲本海産には電話が殺到しているらしくつながらない。

さてどうする。

A　ウニの販売は中止する
B　サイト全体の販売を中止する
C　ウニの販売数を減らして実施する
D　問題ないと掲示して販売を実施する

解説31 【ミニマックス戦略】得を伸ばすより損を減らす判断

危険な情報があった場合、利益が減ったとしても損を減らすミニマックス戦略が経営思考では求められます。この観点からは選択肢A・Bが評価されます。

経営思考での判断に確実なものはありません。不安定な要素が多い中で、緊急に迫られた判断をしなければなりません。

判断のタイミングを逸すると、アクションが遅れ、損失を拡大してしまいます。

今回のケースでもこの段階では、目玉商品が偽装なのかは不明です。しかし可能性があるのであれば、販売することによる最悪のリスクと販売しないことの最悪のリスクを天秤にかけて判断します。この判断はタイミングが大事なのです。

ある企業が商品の不良を知りながら商品回収の発表が遅れたことをマスコミから「隠ぺい」と報じられたり、ときには顧客の健康被害を拡大させるということもあります。

「どうしてすぐに判断しなかったのだろうか」と、ニュースを見る側は感じるわけですが、経営側からするとすぐに判断できない理由があります。それは会社を潰さないためには売上と利益が必要だからです。少しでも利益を確保したい。間違いかもしれない情報で手に入る利益を失うのは耐えられない。これが経営者の実情です。

不安定な状況で下す判断には方法があります。ミニマックス戦略と言われるものです。これは状況が不安定で正確な判断ができないときは、得を伸ばす方法よりも、損失をどうすれば一番少なくできるかを取る方法です。

私もある教材を販売開始したところ、誤植が見つかり判断に悩みました。教材の内容に決定的な間違いがあるわけでもないし、なにしろこの教材は時期的に今のタイミングで販売しないと売上に大きな影響が出ます。

結果的に販売中止を決定しました。誤解を与える教材を販売すると取り返しのつかない信頼失墜につながります。また短期的には問い合わせが殺到し、スタッフの労力も失われます。どうしたらよいかわからないときは、ミニマックス戦略での判断をしてください。

○経営思考トレーニング31

職場で判断する際に常に「最悪のシナリオ」を考えること。私は釣りが好きですが、悪天候や波の高いときは最悪の状態である「死」をイメージして、釣りを延期します。

選択32　屋上遊園地の存続

今日の議題は屋上遊園地の存続についてだ。

オープン以来、屋上は子供の遊園地として人気の場だった。

しかし今は施設も老朽化し、小学生でさえ関心を示さない。

高齢者の休憩の場と幼児向けの遊び場になっている。

本店改築後の存続の可否を決めるわけだが、施設側からは撤廃の提案があるが、営業サイドからは根強い人気があるということで存続の意見が出されている。

「ここは社長のご判断を」

さてあなたはどのような判断をするか。

A　そのまま残す
B　部下に活用案を出させてから判断する
C　撤廃する

解説32 【保留力】判断の精度を上げるプロセス

経営思考において判断はタイミングも大事ですが、精度も大事です。

今すぐに判断しなくてよいものは、十分な情報を得てから判断する「保留」を使います。

その観点からは選択肢Bが評価されます。

判断をするにあたって大事なことは「判断の確度」を上げることです。

多くの判断事項が押し寄せる経営者はついつい即断即決型になりがちです。

即断即決は一見良いプロセスのように見えますが、実は誤った判断につながるリスクもあります。

経営思考の判断においては、今判断しなくてもよくかつもっと判断の精度が上がりそうなら「保留」という判断を選びます。

「保留」とは良い判断をするために判断する時期を延ばすものです。

良い判断をするためなので、次の判断する機会までに判断の確度が高くなる行動をとります。

たとえば情報収集という行動です。

今ある情報でさらに精度の高い情報を求めたり、比較するための情報を得るなどが判断の精度が上がる情報収集となります。

また部下に考えさせて選択肢を作らせる行動も判断を高めるための方法です。

つまり保留という判断は、確度の高い判断をする効果とあなた自身が判断しやすくする効果があるわけです。

注意してほしいのは判断の時期を延ばしたのであれば、必ず今ご紹介した判断をよくする行動をとってください。これがなければ「先送り」になり経営判断としてはよくない判断方法になるからです。

○経営思考トレーニング32

判断するうえで必要となる情報を部下に集めさせたり、相談できる専門家のネットワークを築き上げて、判断するときに情報が取りやすいようにしておくなどの行動は「良い判断」をするうえでのトレーニングになるでしょう。

選択33　スーツケース売り場の成功

本店の改装売り尽くしセールも第一弾は計画通りの売上だったが、第二弾以降は効果が薄れ、計画比の8割だった。

その中で一つの部門の業績が安定して伸びている。カバン部門の伸びがいい。

この部門長は最近サテライト店舗から異動してきたばかりの30代の女性だ。

売り場に見に行くと、ある表示が目に入った。

「どうぞご自由に触ってください」と表示が……。

当百貨店の場合、店員にお声をかけてください、という表示をして接客しながら売る。

これが常套手段だ。

「これは……」

「お客様の多くが観光の方で、あまりお声をかけられるのが嫌いなようです。そこで、お客様ご自身が中を見られるようにカバン開き台をおいたのと、実際に転がせるように段差のない場所に陳列しただけです」

この〝だけ〟ができないのがうちの弱みなのか？

さて、あなたはどうする？

A　当百貨店のやり方と異なるので指導する
B　周りから攻撃されないように静かに褒める
C　他の売り場にも同じ方法を検討するよう指示する

解説33　**【水平展開力】サクセス事例を最大活用する**

経営思考では、成功事例を共有し各部門の結果を上げる組織力を評価します。

その観点では選択肢Cが評価できます。

経営者は会社全体を見ていますから、経営数値が悪いとなにやら会社全体がうまくいっていないようなイメージでとらえてしまうことがあります。

しかし、実際は悪い部門もあれば成功して伸びている部門もあるわけです。

そして悪い部門には悪い理由が、良い部門は良い理由があるものです。

この良い理由を掘り下げていくと、他の部門にも適用できる成功法則のようなものが見つかります。

小さな成功が全社に広がれば大きな成功となり、経営の突破口になることもあるのです。

このように良い部分はすぐに取り入れ、全社に水平展開をさせるのも経営思考の求める部分です。

水平展開のポイントはスピードです。

そもそも、他部門の成功事例を自部門に取り入れることに抵抗を示す部下も多くいます。

まあ、他人が成功したやり方をまねしろ、と言われると面白くありません。

ですから水平展開はなかなか時間がかかり実現しないことがあります。

しかし、あなたが良いと思ったらすぐにトップダウンでもいいので迅速に実行させることが大事です。

なぜなら、サクセス事例は生ものだからです。取り入れが早ければ早いほど、結果は大きくなりますし、遅ければ遅いほど結果は現れません。時には手遅れになることもあります。

ここで私の失敗談です。

コロナ禍で対面接客をするカウンターにビニールシートをつけた企業が多かったのですが、私もあれを見て、自社の研修会場に取り入れようとしました。部下に調べさせている間にビニールシートは売り切れ。多くの企業が導入をしたからです。

このように水平展開にはスピードが求められています。

だからこそ経営者の判断にはスピードと執行力が求められているわけです。

○経営思考トレーニング33

「いいことはすぐにやってみる」を実践しましょう。

様子を見たり、取り入れない言い訳を考えるのではなく、できるだけ早く「いい」と思ったことは行動に移すことが経営思考のトレーニングにつながります。

選択34　恒例のマグロ解体ショー

本店の営業終了まであと1か月。

そんなときに食品課長が頭を下げてきた。私の名前でお詫びの案内をしたいと言う。

理由を聞くと週末の恒例のマグロ解体ショーができなくなったらしい。

どうやら、いつもマグロを解体している鮮魚の職人が急に退職をしたらしい。

代わりにできる人間はいないのかというと、特殊な技術が必要で彼しかいないらしい。

全く仕組みになっていない、と叱ると、生鮮食品は職人の世界でマグロを解体するまで10年は下積みが必要と言い訳をしだした。全く困ったものだ。さてどうする？

A　外部業者に依頼してマグロ解体ショーを続ける

B　マグロ解体ショーは当面中止する

C　すぐにマグロ解体ができる職人を採用させる

解説34 【マニュアル力】その人にしかできない仕事を撲滅する

経営思考では属人化する仕事をなくすことを評価します。

つまり、その人にしかできない仕事をなくし、誰でも安定的に同じ結果を出せる仕組みを作ることが求められるのです。その観点からは選択肢Cは評価できません。

選択肢AとBを選ばれた方も、マグロ解体ショー自体の問題と捉えるのではなく、属人化した仕事があるということに問題を感じているかを確認してください。

経営思考では企業活動を安定して継続させることを考えます。企業活動が止まるのは「お金の循環」の問題が頭に浮かぶ方が多いと思いますが、実はいま企業活動がうまくいかない、つまり倒産の原因で上がってきているのが「人の不足」による倒産です。

経営思考では「人」を育てるということはもちろん重要ですが、一方で作業の簡素化や平準化が求められます。なぜなら、その人の職人技で経営が成り立っていれば、その人がいなくなれば経営が行き詰まる可能性があるからです。

私の知っているイタリア料理店も腕利きのシェフが突然辞めて、できるメニューが半分に減ってしまい、お客さんも減ってしまいました。

オーナーは腕のいい職人を探している、とおっしゃっていましたが、それはちょっと違います。職人技に頼るのではなく、職人が育つような仕組みを作り、安定したサービスが提供できることが安定した経営につながるからです。

特に、経営者自身が第一線で活躍されているのであれば、なおさら危ないところです。あなた自身がいなくても安定したサービスが提供されるようにしなければなりません。そのためには作業手順の標準化と出来栄え基準を作りましょう。

私はカップラーメンをよくイメージして部下に指示をします。

誰が作っても同じ品質ですよね。沸騰したお湯を沸かし指定された時間までふたを開けない。何でもないように見えますが、これが仕事でできているかと言えば、結構職人技ではないでしょうか？　職人技や個人の力に頼らない経営を行いたいものです。

○経営思考トレーニング34

あなたができる仕事を標準化して部下に教えてみてください。そして同じ基準でできるようになるまでマニュアルを作ってみましょう。

選択35　外商と通販の差別化

出鼻がくじかれた形のみちのくオンラインは1か月遅れでオープンした。地元メディアだけではなくネットでも「地域百貨店の活路」として報じられ、初日は一時サイトにつながりにくくなるほどの盛況ぶりだった。

そして2週間、計画の2倍の売上をキープし、初年度黒字化も視野に入りだした。一方で弊害も生まれたようだ。今日の会議は外商部がかなり抗議している。外商の顧客がオンラインへ流出し外商の売上が急減しているのだ。

まあ、オンラインの方が格安だし、煩わしい接客を受けないのだが、外商は百貨店の花形でもある。どう差別化をするか？

A　外商をオンラインの価格と合わせ、実質値下げする
B　お互い競わせて切磋琢磨させる
C　外商とオンラインを同じ部署にする

解説35 【逆選択肢形成力】判断の幅の広げ方

経営思考では、発想力が必要です。

特に一般的な考え方と真逆な選択肢も加えて考えることは評価されます。

その観点からは、外商とオンラインの差別化をどうするかと考える選択肢と真逆の選択肢であるCという差別化しない選択肢は評価できます。

経営者の多くが素晴らしい発想力をもっています。

しかし、それがあだになり過去の仕組みや成功した経験などが、ゼロベースからの発想というプロセスを阻害しているケースがあるのです。

私もその一人で、原稿を修正していて壁にぶつかると何とか突破しようと力を入れて書きます。しかしなかなか思うような文章にならない。その部分だけを直すと全体のつじつまが合わなくなる。

そんなときはなかなか書けないばかりかスランプに陥ることもあるのです。

こんなときは視野が狭くなっているときです。

判断の観点から言うと、視野が狭くなっていると選択肢に偏りが出ます。

私の原稿の場合で言うと「今ある原稿を修正する」という選択肢のみで進んでいます。

ここで選択肢をいくつか増やすと突破口が見えることがあるのです。

経営思考でおすすめの選択肢の作り方は「真逆の選択肢」です。

つまり今進もうとしている選択肢の真逆の選択肢を検討するのです。

先ほどの原稿の例で言うと「原稿を修正しない」という選択肢もありなのです。

この選択肢を選ぶと、一から書き直すなどの画期的な突破口が見出せます。

判断に迷うときは何か枠組みがあるものです。狭い枠組みの中でよい方法を探そうとするとなかなか苦しいものです。

真逆の選択肢を常に持っておけば、突破口が見えるかもしれません。

○経営思考トレーニング35

一　判断する際に「主力の選択肢」と「真逆の選択肢」を常に持つ。

選択36　「百貨店の伝統を捨てる」という記事

みちのくオンラインは好調に推移している。人員と予算をさらにつぎ込み、来月には新しい企画施策がスタートする。他のオンラインサイトと差別化を図るために、仮店舗にオンライン売り場を設置することになった。なかなかオンラインで買いづらい布団や衣類、靴などを実際に触ったり試着できる売り場だ。合意形成を取り付けて現場に落としたつもりだが……下手を打ってしまったようだ。まず、地元新聞が批判めいた記事を書いたのだ。

「老舗の伝統を捨てるみちのく百貨店」

かなり内情が筒抜けの記事内容を見ると内部からのリークらしい。そして現場でも反対の意見が出始め、取引業者や顧問のコンサルタントも得策ではないと助言をしてきた。

A　そのまま進める
B　いったんプロジェクトを止めて再度討議する
C　オンライン売り場は中止して対面販売に戻す

解説36 【執行力】やりきる力

経営思考では執行力を評価します。

執行力とは一度やると決めたことを、障害があってもやり遂げる力です。

この観点から選択肢Aが評価されます。

経営判断は常に迷いが付きまといます。

経営者の仕事は「心配」である、と松下幸之助さんがおっしゃっていましたが、常に判断はしたものの本当に大丈夫なのかと不安になることがあるでしょう。

しかし、良い判断というのは「いかに正確に判断をするか」ということではなく、「いかに判断したことを早くやりきることができるか」なのです。

正しいプロセスをたどって意思決定したのであれば、それが正しい判断だと信じてやりきることです。

もちろん他の人の意見を聞いたり、考えを参考にするのは間違いではありませんが、決めた後にいちいち立ち止まったりぶれていたりしてはいけないのです。

良い判断とは、じっくり時間をかけて考え直すものではなく、決めたら確実に実行に移すものを指します。

PDCAサイクルは仕事の中で使われていると思います。

経営でも同じくこのサイクルを使って進めます。

PDCAのサイクルを回すためにもPlan（計画）の段階で情報収集して決めたのであれば、Do（実行）に速やかに進み、そのあとにどうだったのかを確認するCheck（チェック）を行います。

このサイクルを高速に回転させながら、修正をかける方法を取ってみてください。

○経営思考トレーニング36

経営トレーニングを鍛える方は、一度決めたことをやり通すことを意識してください。

たとえ思った通りに行かない場合も、周りの反対意見があったとしても、簡単に意思を曲げない習慣をつける、つまり少し頑固になることも大事なのです。

選択37　デジタル推進責任者の憂鬱

新しい事業部とは大変なものだ。

絶好調のみちのくオンラインを統括する通販事業部は「デジタル推進部」に名称変更した。

名前を変えるだけでも古い体質の幹部との軋轢が生じたが、若いメンバーたちは改革を進めてくれている。

しかし、このデジタル推進部のリーダー的存在の若松君が最近おかしい。

打ち合わせ時に励ますのだが、「僕のレベルはその程度なんです」と自信のない様子。

これから当社の活路となる部署のリーダーがこれでは困る。

どうしたものか？

A　新しい人材に入れ替える
B　具体的な指示を出して動かす
C　何をしたいのか聞いてみる

解説37 【モチベーション維持力】人は使ってなんぼ

経営思考では人的財産を有効的に活用することも評価されます。

そこには人の入れ替えだけではなく、その人のパフォーマンスを引き出す技法も入っています。その観点からモチベーションをコントロールするという行動が取られているCの選択肢も評価できます。逆にBの選択肢は短期的には効果がありますが、中長期的にみると自発的に動く部下の育成につながりませんので注意が必要です。

一人経営以外の経営とは人を使って結果を残す仕事です。経営思考ではあなたが考えたことを他の人に伝えて結果を出すことが求められます。つまり、人を使うことは必須なのです。

人の使い方は大きく分けると、力を使って動かすか、自発的に動かすかの二通りです。

先日、私のもとにある備品の購入依頼が来ました。経費の観点から私は購入しないほうがいいという判断を伝えましたが、どうもその判断を部下がネガティブに取りモチベーションを下げてしまいました。

人は自分の意思通りに動いてくれます。しかし、業務指示という言葉で一時的に動いたとしても、それは結果の質を上げるための行動ではなく、やらなければ不利益が生じるから仕方がなく動いたにすぎません。

経営者は多くの人間を動かしていますから、一人につきっきりで指示をしまくるわけにいかないですよね。だから部下が自発的に動くように仕向けることが大事なわけです。

部下のやる気をコントロールするには、部下の特徴をつかみ、手法を使います。

朝礼で素晴らしいスピーチをしたから部下全員がやる気を出すかというと、そうではないのです。叱ったり励ましたり、褒めたりと様々な方法を駆使して、部下が自発的に動くように持っていく必要があります。

かなり面倒なのが、人によってモチベーションのスイッチのありかが異なることです。

叱るというボタンがある人間と、褒めるというボタンがある人間もいるわけです。

そこを見抜いてアプローチする必要があります。

○経営トレーニング37

今まで指示をしていた部下が、指示をしなくても課題を実行するように持って行きましょう。つまり自分自身で目標を立てさせるわけです。

選択38　新しいビジネス

百貨店事業の本店改築計画は順調に進められている。

しかし、現状の仮店舗での営業では、1年間は7割程度の売上を覚悟せざるを得ない。その穴埋めを、何とか新規事業で補いたい。

現在7つの新規事業を進めており、みちのくオンラインでの初年度2億円の黒字をはじめ、道の駅事業や空港内食堂経営は黒字の見通しだが、後の事業4つはなかなか黒字の見通しが立たない。

そんな中、新しい事業用に銀行から融資の約束も取り付けている。

今後の新規事業の方向性をどうするべきか。

A　新たに新規事業は行わず、現状の利益が出ている事業に集中する

B　新たに新規事業を進める

C　新規事業を進めながら、現在の事業に集中する

解説38　【拡大力】慎重的拡大戦略とは

経営思考では事業を拡大する際に、定期的に交互に拡大と選択と集中を繰り返すプロセスが求められます。

すでに7つの新規事業を進めており、拡大の後は選択と集中のプロセスが求められますのでAの選択肢が評価できます。

Cの選択肢は選択と集中が行われているのであれば評価できます。

経営をする上には安定的な成長が必要です。

しかしその中身はゆっくりと拡大という意味合いよりも、拡大と縮小を小刻みに行いながら拡大していくケースが多いようです。

コンビニエンスストアが出店と閉店を同時に進めながらゆっくりと店舗数を拡大するスクラップ&ビルド戦略に似ています。

中には新規事業には進出せず、本業に専念するという企業もあります。これは本業に圧倒的な強みを持ち、他社が入り込めない領域を持ち、かつその領域が成長するという前提の企業が取る戦略です。

多くの企業は、ビジネスモデル理論では数年後に現在のモデルは通用しなくなりますし、市場の変化に対応できず安定性がなくなります。

現状維持戦略は安全なようですが、徐々に規模縮小につながる延命措置だと考えたほうが良いでしょう。

つまり経営を安定させるためには、収入の柱をいくつか持っておく必要があるわけです。

ではどのように新規事業を進めていくべきでしょう。

新規事業はすべてが成功するとは限りません。むしろ失敗する可能性の方が高いものです。ですから、やたらに新規事業に投資するのも得策ではありません。

そこで、効率的に新規事業を進めるための理論をご紹介しましょう。

パー・チョキ・グー理論です。

これはじゃんけんをするときの手の動きをイメージしてみてください。

まずパーは広げます。つまり、新しい事業やビジネスを始めます。

5本の指があるので、5つくらい新しい挑戦をしてみればいいと思います。

次にチョキです。これはハサミで切るように、パーで始めた事業を検証し、見込みのない事業は切り捨てます。イメージは5つの事業のうち2つ残して3つ切り捨てます。

最後にグーです。2つの見込みのある事業に力を入れます。

切り捨てた3つの事業に投じていた予算や人を見込みのある事業に集中していきます。

こうして新しい事業で収入を得るわけです。

安定した成長のためにはバランスが必要です。

広げるばかりでもダメですし、絞るだけでもダメです。

このパー・チョキ・グーのように定期的にメリハリをつけていく方法もあるのです。

○経営トレーニング38

新しいことをやる際に、やめる期限や見直す基準をあらかじめ決めます。

こうすると取捨選択する力が付くようになります。

選択39 地域百貨店協会からの申し出

老舗百貨店の社長ともなると、社内だけではなく、社外とのやり取りも必要になる。地域の祭りの協賛や、小学校からの講演依頼、ミスなんとかの審査委員……。まあ、さまざまな行事に呼ばれ、まるで政治家かと思わせる。その中で、お金がらみの相談が来た。

全国の地域百貨店で構成する地域百貨店協会から月間100万円増額の依頼だ。現状月間200万円支出しており、その代わり合同の教育会やキャンペーンなどを行っている。月300万円のコストは決して安くないが、協賛企業が減っている中、増額は致し方がない感もある。

しかし、ここ数年で18社から12社まで協賛企業が減り、そのしわ寄せがきているのもうかがえる。さてどうするか？

A　脱退する

B　増額を引き受ける

C　別の貢献ができないか探る

解説39 【外交力】他社との友好関係を作る力

経営思考では自社以外の力を有効的に活用し、自社の利益を拡大させていきます。自社だけでは成し遂げられないことが、いくつかの企業が集まれば発言権や交渉権が増すことによって有利に進むという利益があります。

その一つとして業界団体や地域団体との関係性を良好な関係に保つという観点からは、選択肢BやCが評価できます。

コストカットの観点でAを選ばれた方も多いと思います。もちろん経営的に間違いではありませんが、一方で孤立するリスクもあり得るのです。

自社の経営規模を拡大するにあたり、市場自体が拡大することが望まれます。

しかし一社だけでは業界のコントロールは難しく、法律や政治からの補助などを取り付ける交渉力も低くなります。

一方で市場に様々な企業が乱立することで、業界全体の品質やブランドも低下し、ゆくゆくは自社の経営にも影響が出るかもしれません。

ですから、たとえライバル社であってもタッグを組み、お互いのメリットを上げていくわけです。

チェーンストアがなぜチェーンストアと呼ばれるか?

それは鎖から来ています。鎖は一つの部品ではなく、いくつもの部品がつながっています。強い力でも切れないのはお互いの部品が助け合っているからなのです。

たとえばA店の前にライバルができて壊滅的なダメージを受けたとしても、チェーン店なら他の店舗の利益で補塡し、A店が赤字であっても経営は成り立ちます。

経営思考も自社だけがよければそれでいい、という考えではいけません。

ビジネス環境はコロコロ変わりますしその流れに飲み込まれないためにも、いろんな集合体と密接につながっておくべきです。

経営者は自社が儲かっているときは、そのような外交力の必要性を認識して行動するものですが、経営環境が厳しくなると以前から取引している取引先や業界団体などから距離を取り、外交をしなくなります。

さらには自社の利益を優先し、取引先から無理やり協賛金を集めたり、無理な仕入れ値ダウンを強制するなども目の当たりにしてきました。

それは短期的には利益になるかもしれませんが、長期的には友好関係がある取引先を失って利益を失うことになるわけです。

ビジネスの基本であるWIN-WINの法則も、経営思考では大事です。

取引先や顧客だけではなく、従業員や地域などの社外との関係構築を進めるのは、大嵐でも沈没しない船団を作るのと同じなのです。

○経営思考トレーニング39

他部署との折衝や取引先との商談でWIN-WINの関係構築を実践しよう。

この感覚は経営者になってからつくものではなく、現場にいるときから育てると良いでしょう。

選択40　県内新聞の取材

「社長のみちのく百貨店のビジョンをお聞かせいただきたい」

県内新聞からの取材の依頼だ。

どうやら県内企業の経営者が語る「企業人が語るビジョン」というコラム欄の取材らしい。

よく考えればビジョンなんてパッと話すことができない。

とにかく経営危機を乗り切ることで精いっぱいだからだ。

あなたはこの取材でどんなことを語る？

A　みちのく百貨店はどうあるべきかを真剣に考える

B　従業員全員で決めたいのでプロジェクトを作る

C　まずは現状を打破することが大事なので、ビジョンはそのあと考える

解説40 【ビジョン構成力】何ができるのか？　ではなく何をしたいのか

経営思考ではビジョンを経営者が考えなければなりません。

その観点から評価すると選択肢Aが望ましいでしょう。

私が起業したての頃はビジョンなんて必要ありませんでした。とにかく利益を出して生活するのが目的だったからです。最初はそれでよかったのですが、安定してきたころに自分自身はどうしてこの仕事をしているのだろう、と考えたり、どこに向かっているのだろう、と不安になってきました。

さらに、ビジョンが必要だと感じたのは、従業員が必要になったときです。

「御社は将来どのようなビジョンをお持ちでしょうか」

そのように面接で聞かれました。従業員はただ働いて給料をもらうのが目的ではなく、会社の成長に合わせて自分がどうなるのかという点も必要なわけです。

では、このビジョンは誰が決めるのか。それはあなたです。「ビジョン」を描けるのも経営者だけです。ある企業では「将来のビジョンは従業員全員が考えること」としてビジョンを描く部署を作ったと聞きました。それは船長が船員に「お前たちはどこに行きたいのか」と聞いているようなものです。

もちろん、従業員の意見も聞くことは必要です。どのような会社にして何を目指すのかは経営者が最終的に決めなければなりません。ビジョンというと難しいイメージですが、要は「将来なりたい姿」です。なりたい姿が思い浮かばないのであれば、逆発想で「なりたくない姿」をイメージしてみてください。その反対がなりたい姿の参考になるでしょう。

ちなみにインバスケット研究所のビジョンは「世界の教育インフラ企業」です。日本だけではなく世界へ、そしてインフラのように必要とされる企業です。

大雑把と思われるかもしれませんが、ビジョンは少し大雑把なくらいがいいと考えています。大事なのはそのビジョンに従業員や関係先が共感してくれるかです。あなたが良いと思ったとしても周りが共感してくれないとみんなのビジョンにならないからです。

○経営思考トレーニング40

あなたの将来なりたい姿を考えてノートに書いてみましょう。もし出てこないのであれば、「なりたくない姿」をイメージして、その逆をなりたい姿にしてみましょう。

選択41　秋田空港の路線廃止？

秋田空港には現在3社の航空会社の乗り入れがある。

4都市を結んでおり、現在1日14便の発着があるが、市長より相談があった。

どうも東亜航空が秋田空港から撤退を検討しているらしい。

それに伴い、秋田空港の赤字幅が広がり、このままでは廃港もあり得るとのことだった。

そこで秋田観光を盛り上げるために大規模な観光客誘致キャンペーンを行いその事務局を当社にお願いしたいとのことだ。どうする？

A　受ける
B　受けない
C　別の貢献活動を検討する

解説41 【洞察力】全体の中で考える

洞察力とは全体を把握したり、先を読んだうえで判断したり計画を作る力です。

自社だけの環境を考える「部分最適」ではなく、全体の中に自社があるという「全体最適」の嗜好を持っているかも評価されます。

この観点から選択肢Bは評価できません。

なぜなら、すぐには影響を受けないにしても、今後影響を少なからずして受けるからです。

また選択7で、東亜航空と提携していることも考慮に入れたいところです。

このように全体を捉える能力を洞察力と言いますが、これは経営者だけではなくリーダーに必要な能力です。

以前テレビ局からの依頼があり、徳川家康の特集があり、その中で家康と織田信長、豊臣秀吉の3名のインバスケット分析をしたことがあります。

もちろん、3名ともこの世にはもういらっしゃらないので、いろんな文献から行動を抜き出し、インバスケットスコア分析を行いました。

予想通り、3名ともそれぞれの能力の形がありましたが、3名とも共通して秀でていたのは洞察力でした。

つまり頂点に立つ人は狭い範囲で物事を決めるのではなく、全体を見て決めます。木を見るのではなく森を見るということです。

経営思考も同じように、自社だけを見るのではなく、自社がある地域や国を考えて判断する視点も大事です。

たとえば、自社だけではなく地域の発展を考えて利益度外視で行動したり、業界の発展などの広い範囲を考えるのも経営思考の一つです。

○経営思考トレーニング41

自部署だけでなく全体を見て判断してみましょう。

いわゆる部分最適ではなく、全体最適という観点を持つことで、洞察力は養われていきます。

選択42　ぎくしゃくしたレポートライン

今日の取締役会で一喝してしまった。

指示していたことがほとんど進んでいないのに加え、お互い責任のなすりあい。

最近は新規事業と既存事業の対立が進んでいる。

そもそも仕入れと販売、そして外商の3部門が縦割りなのが一番の障害になっている。

組織間の連携不足のトラブルも頻発している。

さてあなたはどう判断する？

A　組織の形は維持し、現状のまま責任体制を明確にする

B　部門間の大幅な人員の入れ替えを図る

C　組織の形を大幅に変化させる

解説42 【組織力】階層型組織だけが組織じゃない

経営者は経営資源（ヒト・モノ・カネ・情報）を活用して最大の結果を生み出す必要があります。その中でも状況に応じて、これらの経営資源が最大限活用できる組織を経営者は考えなくてはなりません。その観点では組織自体の形を見直す選択肢Cが評価できます。

経営は組織を使って利益を挙げていきます。ですから組織論なるものが研究されているわけですが、実際の経営では組織を変える難しさは半端ではありません。

それにはいくつか理由があります。まず、組織を変更してオペレーションが不安定になること、それに伴い、業績が下がるのではないかというリスクをはらんでいるからです。

この理由は経営者の怠慢であり、今が一番良いとする現状維持バイアスです。

組織変更するタイミングが計れないまま現状に至っているケースもあります。これは先送りバイアスと呼ばれ、今すぐしなくていいものは後に回してしまえというものです。

さらに人の出入りがあるため、組織が常に変化しているという思い込みです。

ただ、どれも結果的に変化する環境の中では最適な「陣形」になっているとは言えません。

陣形は戦闘での部隊の展開を指します。陣形をとることには部隊の規律を高め、孤立する人員をなくし、部隊の混乱を避けるためという意味があります。

基本的な陣形は縦型と横型があったようです。どちらも状況に応じて通信と指揮系統を確実にし、持っている戦力を出し切るために作られます。

現在に置き換えると、縦型は役職がたくさんある階層型の組織です。横型はフラット型の組織で、一人のリーダーの下に多くのメンバーがついているものです。

私自身、創業期はフラット型の組織で進めましたが、メンバーが増加し業務が増えた段階で階層型組織に変えました。

今後は、各事業が独立採算してもらうために事業部制への移行を進めています。

どれが正解というわけではありませんが、一番効率的で効果的な組織への変更を経営思考は常に考えなければならないわけです。

○経営思考トレーニング42

自部署の役割を変更しよう。個別に持っている仕事をペア制にしたり、プロジェクトチームを作り、横串を刺すなど、組織の作り方を今のうちから学んでおきましょう。

選択43

新規事業担当者の悩み

新規事業の道の駅運営が先月初めての黒字に転換した。

実はこの運営責任者に3か月前に30歳の元本店食品課係長を抜擢したのだ。

彼は、駐車場を使ったフリーマーケットや月替わりのイベント、そしてフードトラックを30台以上集めたイベントなど斬新な企画で集客を以前の2倍以上にしたのだ。

一方で、ここ数か月トラブルが多発している。先月は、フードトラックフェアとフリーマーケットのダブル開催で、駐車場が満車になり、国道が大渋滞した。その結果周辺住民からのクレームに発展した。若い責任者ゆえの調整不足だが、周りの部署からの困惑の声が聞こえる。あまり口出しをしたくないが、どうするか?

A　任せた部門の数値結果を聞いて、ギャップのある部分を一緒に分析する

B　やるべき業務を一つずつ確認して指導する

C　任せたので、じっと我慢して待つ

解説43 【任せる力】経営思考的な任せ方

経営思考では管理職と異なる部下への仕事の任せ方が求められます。

任せた部門の数値結果から各種問題を掘り起こし、解決させていきます。

その観点からはAの選択肢が最も望ましいでしょう。

後の2つの選択肢は管理職としては評価できるのですが、この項では「経営者の任せ方」と「管理職の任せ方」の違いについて考えていきましょう。

管理職から経営職に上がると「任せ方」も変わります。

なぜなら、任せる対象が「仕事」から「マネジメント」になるからです。

たとえば、あなたが魚屋さんの店長で新人に仕事を任せるとしたら、刺身盛りや掃除などの仕事になるでしょう。教え方も教育的な要素が多く、やり方を教え、最終的なアウトプットを示し、助言もしながら任せます。

しかし、経営思考では魚屋さんではなく、魚屋さんが入る百貨店の支配人のようなイメージです。

百貨店すべてを見る立場ですから、任せる仕事も刺身の盛り方や掃除の仕方ではなく、魚屋さんの経営を任せるわけです。なので、機能的な任せ方が必要になるわけです。

機能的な思考では結果から理由にさかのぼります。

「どうしてお願いした数字に届かないの」

から仕事の進め方に入っていきます。

経営思考では「これだけの売上は取ってくれ」と営業部長に指示し、「人件費はこれだけで抑えろ」と管理部門に言います。ただ、任せ方の原則は変わりません。

1　方向性は出す
2　サポートする
3　責任はとる
4　報告を受ける

〈詳しくは『「仕事を任せる」インバスケット法』（ぱる出版）を読んでください〉

1から3まではできている経営者は多いですが、4の「報告を受ける」は抜けがちです。特に良い報告は部下が自発的に上げてくるので良いとしましょう。

しかし、悪い報告は上がってこず、気づいたときにはマネジメントがぐちゃぐちゃになっていることがよくあります。ですから、任せたことはメモをして定期的に確認しましょう。

○経営思考トレーニング43

まずは任せる達人を目指す。

どれだけ任せたかではなく、任せ方のプロセスを振り返りましょう。

前述の1から4をよくチェックしてみてください。

選択44　全国百貨店視察旅行

地域百貨店組合に加盟している。その関係で数年に一度役割が回ってくるらしく、今回は「アメリカ流通視察事務局」の順番が回ってきたようだ。代理を立てようとしたが、会の目的が各社の社長の親睦らしく、どうも私が行かなければならない。

こんなときにアメリカ旅行など行きたくないのだが、他の地域百貨店との関係性強化や経営問題の共有なども必要だ。

しかし秘書室のミスでダブルブッキングが発生していた。地元経済界の会合や、県庁との会議などいくつか入っている。

これはどうしようか？

A　海外視察を無理やりキャンセルする
B　国内の行事は代理を立てて対応する
C　国内の行事はすべてキャンセルする

解説44　【代理人形成力】影武者を作る力

経営思考では、自身の代理を育て業務を円滑に進めることが大事です。

その観点からは選択肢Bが望ましいでしょう。

あなたが不在の際に、あなたの代わりに仕事をしてくれる人がいれば素晴らしいと思いませんか。

先日こんなことがありました。

「いやあ、なかなか社長が捕まらないんです」

ある企業で研修の最終決裁が滞り、こちらから催促差し上げたときの答えです。

ああ、この企業の経営者は教育に熱心なんだな、と感心しました。

通常この手の決裁は人事部長が任されている企業が多いからです。

一方で社長は多忙なので、案件が停滞すると多くの人に影響を与えます。

経営者は自分がいなくても代わりに判断する人間を作らなければなりません。

なぜなら、最終決裁者が万一いなくなったときにすべての企業活動が停止する恐れがあるからです。

経営者は優秀な方ばかりですから、自分がした方が早いし、任せられないこともあるでしょう。

しかし、社長の代わりになる人間を作り、社長業も個人としてではなく組織として対応できるようにするのが「組織化」と言われる行動です。

代理を作るのは大変です。

社長業には唯一マニュアルがありません。社内で一番難しい判断をする人で、一番破壊力のある肩書だからこそ、教育も大変です。

代理人を作るためには「価値観」「基準」「察知させる経験」を通じた教育をしなければなりません。

まず価値観は「何を大事にするか」です。

これがぶれていなければほとんどの判断はあなたと似たものになります。

基準は判断をするスイッチになります。いきなり社長代理で一大事が起きたとき、判断の訓練をしていないと判断はできないものです。

社長の判断は先ほど述べたように、一瞬の遅れが企業を死に至らせるものです。

ですから基準を示すことで、判断の後押しができるわけです。

最後の「察知させる経験」は、実際に経営者が判断するケースに立ち会わせて、どのように判断するのかを察知させるのです。

後継者には「あなたならどう判断する」という教え方でいいのですが、代理ですと「私はどんな判断をすると思う?」といった教え方になるわけです。

代理人であるあなたの影武者を作ることで、あなたの行動範囲や業務量は減り、本来やるべき仕事ができるようになります。

○経営思考トレーニング44

仕事を止めないようにしましょう。

あなたが不在でもいくつかの業務が回るように、代わりとなる人間を育てましょう。

選択45　若手社員の大批判

私はたまに従業員食堂で飯を食べるようにしている。

これは先日アメリカ研修に行ったときに、熊本の百貨店の社長が行っていると聞き、早速真似をしてみた。

従業員と同じ飯を食う。ただそれだけで従業員と同じ視点になり、親近感を覚えてくれるらしい。

しかし、実際には聞きたくないことも聞こえてくる。

ここにいると私と気づかない従業員がいろんな話をしていて現場を知ることができる。

先日は「社長が無能だから」という苦い話も入ってきた。

今日は私の斜め向かいに若い男性社員3名が座った。

はじめのうち、彼らは私と気づいていないかと思ったが、どうも敵意を感じる。

こちらから話しかける。

「どうだい、最近調子は」

すると、若い社員は笑いもせず言った。

「まあまあです」

そこから会話がないことに違和感があったが、そのあとで社長室に戻ると、1通の社内メールを受信した。

「先ほど食堂でご一緒した者です。あのときは言えませんでしたが、もう食堂にいらっしゃるのはやめてもらえませんか？　はっきり言ってみんな迷惑しています。あなたが社長だからと言って私たちの休憩時間を侵害するのはおかしいと思います」

さて、あなたはこのメールを見てどう判断するか？

A　その社員を呼んでしかりつける
B　その社員の上長を呼んで指導する
C　自分が悪かったと謝る

解説45 【批判受け入れ力】寛容さと厳しさ

経営思考では、周りからの批判をいったん受け入れ、改善する姿勢が大事です。

その観点からはCの選択肢は評価できます。

これから経営者になろうとする方の夢を奪うかもしれませんが、経営者が全員から尊敬されることはなく、ときには批判をされる仕事です。それは社長という役職もありますが、経営者自身が個性を持っており、変わっている存在だからかもしれません。

私は社長にはこのような個性は必要だと思います。個性があるからこそ、社長という肩書と相まって魅力になり、影響力を持っているわけです。ゆえに社長は批判されるものです。社長が家族だと思っていても社員はすべてそう思わないと考えたほうがいいでしょう。

大事なのは批判が出てくるという問題をどのように捉えるかです。現象からどのような問題を見出すかで解決するものも変わってきます。これを問題発見力と言います。

たとえば、批判が直接届くことを問題視すると、批判が届かない状態になりますし、自分は悪いと思えば自分の行動を変化させる状態になります。

経営思考での問題視点は現象面より、現象を生み出した過程を見つめます。

たとえば、先ほどの例では、若手社員がその場で言えなかったという過程、みんなが迷惑しているという背景、などを問題視できると思います。

私も経営者や著者、講師として様々な批判をいただきました。

でも、その中でも良い批判と悪い批判があると考えています。

良い批判は自分から取りに行ったもの、または意図して吐き出させたものであり、悪い批判は抑えこんでいたものがあふれてきたものです。

研修でも研修中に受ける批判は改善できますが、研修後のアンケートで書かれた批判は致命的です。なぜなら、それを改善や成長、信頼回復に活かすタイミングがないからです。

誰もが批判を受けるのは気持ちの良いものではありませんが、それを新たな挑戦状として受け止めて挑んでいきたいものです。

○経営思考トレーニング45

——批判を甘んじて受け入れる行動を取ろう。２ＷＡＹの時間を確保していこう。

選択46　決算発表

今日で着任して2年目を迎えた。

経理部から決算状況の報告が上がってきた。

利益は目標である営業利益の黒字化を達成したが、財務諸表を見たときに少し気になる点があった。

さて、あなたはどこに問題点を見出すか？

A　利益率

B　キャッシュフロー

C　人件費

D　借入金

解説46

【経営分析力】経営者の二つの分析の視点

経営思考では、決算書から企業が抱える課題を明確に捉えることが大事です。

損益計算書②

(単位：百万円)

科目	本年	
科目		構成比
売上高	20,540	100.0%
売上原価	16,008	77.9%
売上総利益	4,532	22.1%
販売費および一般管理費	4,482	21.8%
人件費	3,021	
地代家賃	198	
減価償却費	70	
その他	1,193	
営業利益	50	0.2%
営業外収益	2	
受取利息	1	
その他	1	
営業外費用	129	
支払利息	128	
その他	1	
経常利益	-77	-0.4%
特別利益	2	
特別損失	2	
税引前当期純利益	-77	-0.4%

貸借対照表②

（単位：百万円）

科目	2年後	科目	2年後
（資産の部）		（負債の部）	
流動資産	11,566	**流動負債**	11,722
現金及び預金	3,135	支払手形および買掛金	6,984
売掛金	800	短期借入金	3,000
商品在庫	7,542	その他	1,738
その他流動資産	89		
固定資産	5,451	**固定負債**	4,505
（有形固定資産）	3,141	長期借入金	4,305
土地建物等	480	その他固定負債	200
機械装置	1,080	**負債合計**	16,227
その他	1,581	**（純資産の部）**	
（無形固定資産）	1,510	**株主資本**	790
施設利用権	625	資本金	80
その他	885	利益剰余金	710
（投資その他資産）	800		
敷金	800	純資産合計	790
資産合計	17,017	**負債資本合計**	17,017

今回の財務諸表では、損益よりも財務のお金の流れに課題を感じてもらいたいものです。

つまり選択肢BもしくはDを選んでください。

経営分析と聞くと、毛嫌いする社長がいます。特に現場たたき上げの社長は数字よりも感性で動く方が多いので、数字は結果につくものと捉えている方もいるほどです。

しかし経営分析をやってみると「やっぱりやっておかなければならないな」と痛感します。なぜなら、会社の状態が一目瞭然でわかるからです。

経営分析とは、決算書を見ながら会社の良い悪いを判断することです。

決算書というと、ちょっとした本程度の分厚さのある数字がたくさん書いてある書類なのですが、見るべきポイントはざっくり言えば2つです。

まず「儲かっているか」という点です。これを収益性と言います。

決算書で言うと「損益計算書」がそれにあたります。

この書類には1年間の儲けとその中身が書いてあります。

どれだけ売上があり、何に経費を使った結果どれだけの利益が出たのかを見ることで、その会社の収益性がわかります。

もう一つは「大丈夫なのか」という点です。これは安全性と言います。

会社は利益が出ていれば大丈夫のように見えますが、実は利益が出ていてもリスクは他にあります。その最たるものが「財務状態」です。たとえば借入金が多すぎたり、取引先が倒産すると連鎖倒産する可能性がないかなど会社の安全性がわかります。

これは決算書の財務諸表を見ればわかります。

つまり儲かって、かつ安定性があれば「素晴らしい企業」ですし、どちらか一つに不安があれば「問題あり企業」、両方ダメなら「やばい企業」になるわけです。

特に安定性は経営者が数字で押さえておくべきです。

なぜなら利益が出ていなくても、お金が回っている限り、会社はつぶれません。

お金の流れは人間で言うと血液量です。

血液が潤沢なら大手術もでき、事業転換や新しいサービスを生み出すこともできます。

私自身もこの点を勘違いしており、無借金経営だと5年ほど周りに自慢していましたが、経営の世界では借金の多い少ないより、手持ち資金の安定性を重視します。

だから、経営が良くないときほど多くの企業は借入をして手持ち資金を増やします。

これをキャッシュフローと言います。お金の流れには経営者は人一倍敏感になり、お金の流れをサラサラ流れる血液のようにする施策を取りましょう。

たとえば自社の遊休資産の売却により現金を得る方法や、取引先の支払いサイトを短縮し、すぐに現金が入るように改善するなどの方法も取れるわけです。

このように決算書を見る2つのポイントを押さえておけば、自社の状態を正確に知り、そのうえで取るべき施策が見えてくるわけです。

○経営思考トレーニング46

今所属している会社の決算書を2つの視点で見ておきます。

そして同業他社の決算書と比較するのもよいでしょう。

一番お勧めなのが、いろいろな企業の決算書を読み込み、株式投資をすることです。

少額でいいので決算書の勉強代と捉えるといいでしょう。

選択47　新規事業への投資

ノウハウを自分たちで作り上げるのは大変だ。みちのくオンラインは前身の通信販売があり、道の駅の経営は、財団法人などのサポートがあり軌道に乗った。

逆に失敗に終わったのは「スポーツクラブ」「パン屋」「ラーメン屋」「観光事業」。これらの共通した失敗点はノウハウが全くなかったことだ。残念ながらここは撤退した。

そこで目を付けたのがフランチャイズ事業だ。オペレーションや広告などのノウハウを本部から受ける代わりに売上の一定割合を支払う形態で、暖簾貸しのようなものだ。

フランチャイズを探してみると3案件上がってきた。どれも同じ業種で、どれも魅力的だ。加盟金と売上、利益は次の通り。どのフランチャイズを進めるか？

A　加盟金：5000万円　予想年間売上：3億円　利益：2000万円
B　加盟金：1億円　予想年間売上：1億円　利益：3000万円
C　加盟金：3億円　予想年間売上：2億円　利益：5000万円

解説47 【投資効率力】少ない投資で高い利益を生み出す

経営思考は投資したコストでどれだけ高い収益を生み出すかを考えます。特に小さなコストで高い収益を生み出す投資効率を追求するのです。その観点からは選択肢Aが評価されます。

利益を生み出そうとして会社を運営します。

経営思考では利益を生み出すために「投資効率」を重視します。投資効率とは「どれだけの投資でどれだけの利益を生み出したか」という指標です。

商売人的な経営者は特に「売上利益率」を重視しがちです。たとえば、売上の2割の利益を出している企業と売上の5割の利益を生み出している企業を比較したときに後者が良いと思いがちです。

でも、商売をするうえでは元手が必要です。この元手を投資と言います。

つまり、1000万円の投資で仕事をしているのか、5000万円の投資で仕事をしているのかを考えるわけです。

1000万円の投資で5000万円の売上と100万円の利益を生み出す会社と、5000万円の投資で500万円の売上と250万円の利益を出す会社を比べた際に、売上利益率や利益高は後者の方が高いですが、投資効率では前者が優れています。

経営思考では投資に対するリターンを重視します。それは少ない投資で多くの利益を得ることで、投資を回収して次の事業にも再投資できますし、何しろキャッシュフローが良くなります。

ですから経営者は、何か投資するときに「いくら儲かるか」という視点だけではなく、「投資はどのくらいの期間で回収できるか」。つまり投資効率を常に考えて判断しているわけです。

○経営思考トレーニング47

会社で購入する物品や設備の投資効率を考えて判断しよう。

500万の投資をする場合に、リターンを生み出す利益だけではなく、どの程度で回収できるのか？を考えます。より早く回収できるアイデアを出しましょう。

選択48　高級コンビニの展開

フランチャイズと同時に、超小型百貨店を新規事業として計画している。いわゆる高級コンビニエンスストアだ。

マーケティング調査でも、顧客アンケートでも評価は上々。黒字化は間違いない。ただ一気に店舗展開しないと、資本力のあるライバル社に取られてしまう。

あなたはどうするか？

A　一気に事業展開する
B　もう少し討議をする
C　まずはテスト展開を実施する

解説48　【プロトタイプ力】小さく始めて大きく勝負

計画を実行に移すタイミングで、「試す」というプロセスは大事です。修正点を見出し、改善するためです。その観点では、選択肢Cが評価されます。

経営思考は常に外部環境を観察し新たなサービスや組織を作り出すことが必要です。そうしないと外部環境とのアンマッチ、つまり顧客が欲しいものがなく、売れない状態になり、経営が悪化します。

いわゆる多角化や新規事業、新規サービスを始める際に取りたいプロセスは「プロトタイプをつくる」です。机上でいかに完全な計画に見えても、実際にやってみると必ず修正が必要になります。

アイデアを形に移す過程で「試作品」を作るというプロセスを入れると、失敗しても修正がしやすくなります。失敗と修正を繰り返し成功品に近づいた段階で、大きく投資をして本格展開をします。

経営者の中には、急ぐあまり、この工程を省略化して大きなクレームにつながったり、損失が回収できないレベルに落ち込むことがあります。

ですので、まず軌道修正は後でも可能であるという思考を持っておいていただきたいのです。

○経営思考トレーニング48

アイデアは形にする習慣をつけよう。書いてみる、試作品を作ってみる。アイデアを形にする秘訣は、最初から完全品を目指さないこと。

選択49　後継者？

新規事業も計画通りに進みだした。今日は銀行の支店長が来社し、その報告をしていた。

「いやあ、さすが経営手腕が優れていらっしゃる。ところで、社長。事業承継はどのようにお考えですか？」

「事業承継……」

「ええ、もちろん、社長はまだお若いので、まだまだ現役でご活躍されると思いますが、早めに後継者を検討されるのも一つかと」

おいおい、まだ着任して2年だぞ。しかもこれからやりたいこともたくさんある。

どう返答するべきか？

A　後継者はまだ早いので、そのうち考える
B　事業承継の計画を作りはじめる
C　自分の役割はここまでなので次回の取締役会で後継者を決める

解説49 【逆算力】辞めどきを設定する

経営思考では逆算して後継者を決定し事業を承継することも重要です。

事業承継は時間をかけて行うものであり、だからこそ逆算して計画的に行うことが求められます。その観点からは選択肢Bが評価されます。

「仕事は出社したときから退社の準備」。この言葉は私が上司から言われた言葉です。経営も同じです。着任したときから、退任の準備は始まっています。

時間は有限です。ここではっきり言いたいのは、何事も終わりがあるということです。一日の仕事にも終わりがありますし、もちろん仕事の職位もずっとそのままというわけではありません。突然の内示や辞令発令されて、「あと半年あれば」と後悔した方も多いのではないでしょうか?

経営者も同じです。オーナー経営者でも雇われ経営者でも必ず終わりがあります。

特に経営者の場合は「会社をずっと生き続けさせる」ことがミッションですので、自分が社長を降りたら会社をたたむというわけにはいきません。

後継者問題は多くの企業が抱える問題です。一つは後継者がいないという人材不足の観点、そしてもう一つは経営者の高齢化があります。

経営を引き渡すためには時間をかけて計画を作らなければなりません。管理職のように1週間で引き継ぎなどというわけにはいかないのです。

従業員や取引先、株主や金融機関との信頼関係や支援体制の構築、そして経営の勉強や育成などもあり数年がかりで進めるものです。にもかかわらず経営者の多くが事業承継の準備をしていない、またはまだ必要ないと6割近い比率で答えているらしいです。

経営者のなり手がなくても、経営に着任したときから自分で辞めどきを設定し、そこから逆算して計画を立てなくてはなりません。逆算すれば、案外時間がないことに気が付くのと、事業承継などの仕事の優先順位が上がることがわかるはずです。

○経営思考トレーニング49

逆算して1年計画、3年計画、そして人生の計画を立ててみましょう。

仕事の終わりも設定して仕事に入ってみてください。

選択50　社長のいすは用意しましょう

銀行の支店長が来社した。どうやら事業承継の話の続きらしい。

彼の親切心からの言葉と信じていたが、どうやら違ったようだ。

銀行としては事業承継をするよりも、大手流通グループの「さなやま」傘下に入り、さなやまより経営陣を受け入れてはどうかとの提案だった。

「それはおかしいでしょ、だって自力でここまで再生したのに」

私は机を叩いて抗議した。

「再生とおっしゃいますが、それでも通期の累積赤字は大きく、当社の企業ランクでもこのままいくと『要回収』のDランクに入る可能性があります。ここは経営安定化のためにもさなやまグループに入る方が得策かと」

「全従業員ここまで自力再生したのにそれは受け入れられません」

「社長。わかりました。ではこうしましょう。新規事業トータル黒字、かつ営業利益が3億円達成しないときは、あなたには退任頂き、さなやまより新社長を受け入れてください」

私は言葉を飲み込んだ。

無茶だ。今期の営業利益は5000万円の予想だ。3億円は3年後の目標数値だ。

支店長がお茶をぐいと飲み言った。

「社長、さなやまに入りましょう。あなたも社長の座につけて、ここまで苦しい経営をしなくて済みますよ」

さなやまに入れば、みちのく百貨店の看板も数年は持つかもしれない。

しかし、多くの買収企業は名前を消していった。

取締役たちは私を見ている。どうする?

A　進退をかけると明言する

B　さなやま傘下に入り、社長として経営を立て直す

C　言葉を濁して返答を延ばす

解説50 【成就力】経営者が進退を賭けなければならないとき

経営思考では覚悟を決めた判断が求められます。特に重要な判断や戦略上の判断の際には進退を賭けることも必要です。その観点からAの選択肢が評価できるでしょう。

経営者と雇用者の違いを一言で言うと、覚悟の量でしょう。雇用されている側では故意のミスでない限り、進退問題にはなりません。それに比べると、経営者の責任は進退問題に直結します。

経営者の覚悟は、組織の原動力になります。東北の雪道を走っているときに気を付けなければならないのが、止まらないことだと聞きました。特に大型トラックなどが信号待ちなどで止まると、雪で滑り発進できなくなることもあるそうです。

経営も同じように今までと同じ方向に進むのであれば、それほどパワーがかかりませんが、方向を変えるときには、今までの推進力があればあるほど、すごい力が必要です。

そのようなときに経営者一人が「こうなればいいな」という願望レベルでは方向は変わりません。私の会社も50名ほどですが方向を変えたり、今までやっていたことを戻すときには「これほど力がいるのか」と思うほどです。

このような方向性を変える判断をする際には「願望」ではなく「必要」と考えるのです。特に「これはやらざるを得ない」と自身に腹落ちさせて「決死の覚悟」が必要です。

経営者の決死の覚悟は実際に命を投げ出すわけではありません。

これが進退を賭けるということなのです。経営者にとって自分の椅子を賭けるというのは、実際の命を懸けるわけではないにしても、ビジネス人生を賭けるのと同様です。そのくらいの覚悟があってはじめて、方向性が変わる力を生み出すのです。この進退を賭ける判断は、銀行などのステイクスホルダーや従業員、取引先の力を巻き込むことができます。

「社長はそこまで考えているのか。ではやらざるを得ない」

こう思わせないと周りは動きません。方向性を大きく変えるときには「できればいいな」では無理です。決死の覚悟を持って判断し、それを周りに表明して成就するわけです。

○経営思考トレーニング50

判断する際に「願望」と「必要」を切り分けよう。そして必要だと思ったときは心の迷いを断ち切り、進退を賭けるつもりで物事に臨みましょう。

選択51　経営計画書

支店長は「わかりました」といった。

どうやら覚悟が伝わったようだ。

「その代わり経営計画をご提出ください」

「わかりました」といったものの、これは大変な作業だ。

すぐにでも動かないと時間がないが、計画書を作るだけでも相当なパワーが要りそうだ。

ここは経営コンサルなどのお世話になるか、自力で作るか。

まあ、今までほとんど作っていなかったから会社に作れる人間もいない。

さて、どうするべきか？

A　経営計画書を策定するプロジェクトを発足させる
B　経営計画書のフォーマットをどこからか入手し、数字を埋める
C　経営コンサルに作らせる

解説51 【経営計画と理念】まねていいもの、まねてはいけないもの

経営思考では経営計画を作り、それを実行します。ただ、経営計画を作ることが目的になってはいけません。大事なのは、計画を実行し、会社を存続させることだからです。

したがって、今回の選択肢は選択肢BもしくはCを選びたいですね。

倒産した会社を整理する業者さんから聞くと、恐ろしいほど書類が多いそうです。

また、壁にはポスターが隙間なく貼られていることも多いようです。

どこに力を入れているかで企業の存続は変わるということを物語っているようです。

結論から言うと、経営計画はまねて作ればいいでしょう。なぜなら、経営の計画の立て方はどの企業でも同じです。売上を立てて経費を払い残ったものが利益です。

フォーマットなども最初から作る必要もありません。銀行や税理士さんにお願いすればすぐに用意してくれます。そこにあなたの考える計画を数字で落とし込めばいいわけです。

経営計画のフォーマットづくりや体裁などは力を入れず、経営者が力を入れてほしいの

は「理念」や「ビジョン」です。あなた自身がその事業をなぜ始めたのかという精神です。

これをまねてしまうと、会社の就職面接の模範解答のようになってしまいます。

「御社は成長性があり、社会貢献もうんたら……」

はっきり言って、その模範解答をいまだに自分の仕事の理念として持っている方はいないと思います。ですから、理念は自分で考え、自分の言葉で作りましょう。

どうしても周りからの目が気になり、大企業が使っている言葉や体裁を気にしてしまいますが、先に述べたように理念とは一生企業が大事にするものです。だから、かっこいいからと安易に作るものではありません。

まねするものと、まねしてはいけないものはおわかりいただいたと思います。まねをするというのは一番効率のいい仕事の進め方です。まねをしてそれを続けていれば、いつかオリジナルになります。一から作り上げることだけが美徳ではありません。

○経営思考トレーニング51

まねをしてみよう。たとえば、もらったメールから良いフォーマットをいただく。

そこから自分の価値観を組み入れた完全オリジナルも作ろう。

エピローグ

突然の社長就任から5年経った。

銀行からの無理難題も、何とかクリアし、いくつか新規事業も軌道に乗り始めた。ついに今日は、本業である百貨店業の再スタートの日だ。

本店のリニューアルが終わり、新しい店舗は懐かしさを随所にわざと残した工夫を入れたが、かなり明るい売り場に変わった。

一階には県とタイアップした特産品を集め、旅行案内所やバスチケット販売所を併設した観光客ターゲットの売り場を配置した。

屋上には「屋上遊園地」を残した。地方百貨店協会協賛で、各百貨店から撤去された懐かしい遊具をこれでもか、というほど取りそろえた。

ただ稼働はせず、ミュージアムとしての展示だ。

顧客施策は3万名いる会員を完全サポートする囲い込みを進める。

家のリフォームから、健康相談、相続や税金、パソコンや家電の操作サポートまで「売る百貨店」ではなく「サポートする百貨店」がコンセプトだ。

ピカピカに輝いた床と、きらきらした商品。

私は子供のときにみたみちのく百貨店を思い出していた。すごい賑わいの中、父親の手を離した瞬間に迷子になり、案内所で泣きながら両親が来るのを待っていた。

そして、女性店員が差し出してくれたキャンディ。


「社長、そろそろセレモニーに」

秘書が言う。正面玄関にはくす玉が用意され、秋田県の竿灯祭のデモが行われ始めた。

駐車場は開店2時間前に満車。本店の玄関前には1000名以上が開店を待っている。

さあ、まだゴールではない。私の仕事は、これからもこの会社を守っていくことだ。

第3章　経営思考の将来

経営思考のゴールとは

インバスケット経営思考トレーニングは、いかがでしたでしょうか。

今回のトレーニングは、あらかじめいくつかの選択肢が用意されていました。

しかし、実際の経営判断には選択肢はありません。選択肢から作らなければなりません。

もし本書を簡単に感じたなら、今度はどのような行動をするのかをノートなどの白紙に自由に書いて、解説と照らし合わせるといいでしょう。

さて、経営思考を学び続けると、あることに行きつきます。

それは、「何のために経営しているのだろう」という疑問です。

ある経営者は「お客様のため」と言い、ある経営者は「従業員のため」と言っていました。

私は、どちらも違うと思っています。

私たちが経営するのは、紛れもなく「自分のため」です。

私が尊敬する経営者に「中内㓛」がいます。ダイエーの創業者で、私はその従業員でした。彼は一代で流通革命をおこし、一大流通グループを作り上げました。

彼が経営から退くときに記者会見で発した言葉は衝撃でした。

記者からの「今までの経営で一番楽しかったことは？」という質問に、「何も楽しいことはなかった」と言い切ったのです。

それを聞いた私は自問しました。

「何のために会社を経営しているのだろう」

なぜなら、経営者はその身と人生をかけて、その代償として大きな報酬を得るものです。経営の世界は結果がすべて。「勝てば官軍、負ければ賊軍」と言われるくらい、結果を残せば優れた経営者、逆に会社を潰した経営者は悪者です。

すべてを投資して得られるリターンは何か、と考えると、お金よりも「達成感」が残りました。自分自身がやりたいことを実現した達成感なのです。ですから、皆さんは自分が成し遂げたいと思ったことを躊躇なくやり抜いてほしいと思います。

経営には、不安がつきものです。様々な批判や信頼する幹部の裏切りもあるでしょう。

期待をしても会社を去る社員や、短期的な売上のへこみに心揺れるでしょう。

でも、とにかく突っ走りましょう。

経営思考の行きつく先は、自分が正しいと思ったことをやりぬくことです。

私たちは他人のために仕事をしているわけでも、国のために仕事をしているわけでもありません。経営思考は自分の信じたことを実現するための手法なのです。

経営で欠かせない3要素

「天地人」という言葉を聞かれたことがあると思います。

この世を構成する3要素ですが、私は先輩や上司からこう教わりました。

「天はタイミング・地は場所・人は人脈」

最初は何を言っているのだろうと思っていたのですが、最近つくづくこの言葉が真髄ではないかと思うことがあります。

どんな素晴らしい能力を持って、資金があったとしても、タイミングが合わないと何もうまくいきません。タイミングは自分のタイミングではなく、世間のタイミングです。私の例で恐縮ですが、自分が書きたいと思って出した本はあまり売れません。逆に、誰かから「こんな本を書いてくれ」と言われた本はよく売れます。

これが経営の「天」です。周りの声をよく聞き、アンテナを高くして時流を読んでスタートするタイミングを見計らいましょう。

地は場所です。どの場所で商売をするのか？　多くの方が自分の過去体験した業界でスタートします。

でも、本当にそこがあなたの成功する場所なのか？　ただ慣れているという理由だけではないか？

経営はどこでも可能です。成功している方も、ほとんど他業界で活躍されています。楽天の三木谷さんは、ＩＴではなくパン屋の起業も検討されていたそうです。

人は人脈です。本書でも書きましたが、経営者は一人で仕事はできません。一人経営であったとしても、周りの多くの方のサポートがあるから成り立っています。

もし、あなたが会社員でこれから経営を考えているのなら、あえて申し上げたいことがあります。今のあなたの人脈はほとんど役に立ちません。なぜなら、今つながっているのは、あなたとつながっているのではなく、あなたの会社や肩書とつながっているからです。

人脈に自信を持っていた方が、独立して孤独感を味わうのは不思議ではありません。

かつての勤め先の関係者に独立して会いに行くと、受付の段階で門前払いのような扱いを受けることも当たり前です。

逆に独立後に必要な人脈は、それまで全く価値を見出していなかったような方たちです。

私の場合は前職の外部研修を受けたときの講師です。

「会社辞めたそうだけど、暇なら手伝わない？」と誘ってくれて、研修業界のことを教えてくれました。

前職時代は仲の悪かった同僚や先輩からも声がかかります。なぜか、印象の悪かった方や言い争いをしたような方と、今では深いビジネスパートナーとしてお仕事をご一緒しているのは不思議です。

ですから、これからはどんなご縁も大事にすることと、会社の肩書よりもあなた自身と付き合ってくれる人脈を大事にしてみてはどうでしょう。

おわりに

本書を最後まで読んでいただき、ありがとうございました。

ベテラン経営者の方からすると、あまり読み応えがなかったかもしれません。

本書の選択は、まっとうな経営者から見ると当たり前のことばかりだからです。

でも、その当たり前ができずに会社を倒産に追いやる経営者もいます。

業界団体の活動ばかりが増えて、本業以外にうつつを抜かし、幹部が続々と離れ、会社をダメにしてしまう経営者は、当たり前ができていないのだと思います。

逆に、これから経営を目指す方には、本書は少し難しかったかもしれません。

私は優秀な管理職やリーダーが、良い経営者になるとは思いません。

なぜなら、管理職や一般職と経営層は求められる能力や考え方が違うからです。

本書が経営の模擬体験として、あなたが将来直面するかもしれない経営イベントの予行練習になれば、著者としてこの上ない喜びです。

おわりに、本書を最後まで読んでいただいたあなたはもちろん、本書の制作に際し、お世話になった朝日新聞出版の佐藤さんをはじめ、多くの関係者の方にお礼を申し上げます。

ありがとうございました。

株式会社インバスケット研究所
代表取締役社長　鳥原隆志

鳥原隆志　とりはら・たかし
1972年大阪府生まれ。大手流通会社の昇進試験でインバスケットに出合い、株式会社インバスケット研究所を設立。これまでの作成問題枚数は、ゆうに腰の高さを超える。日本のインバスケット・コンサルタントの第一人者として活動中。著書は『究極の判断力を身につけるインバスケット思考』(ビジネス書大賞2012書店賞受賞、WAVE出版)など累計80万部を超える。

鳥原隆志公式ブログ
https://ameblo.jp/inbasket55/
株式会社インバスケット研究所公式サイト
http://www.inbasket.co.jp/

朝日新書
829

生き抜くための決断力を磨く
インバスケット経営思考《けいえいしこう》トレーニング

2021年8月30日第1刷発行

著　者　鳥原隆志

発行者　三宮博信
カバーデザイン　アンスガー・フォルマー　田嶋佳子
印刷所　凸版印刷株式会社
発行所　朝日新聞出版
〒104-8011　東京都中央区築地5-3-2
電話　03-5541-8832（編集）
　　　03-5540-7793（販売）

Published in Japan by Asahi Shimbun Publications Inc.
ISBN 978-4-02-295131-1
定価はカバーに表示してあります。

朝日新書

諦めの価値

森 博嗣

諦めは最良の人生戦略である。なにかを成し遂げた人は、常に多くのことを諦め続けている。あなたにとって、何が有益で何が無駄か、「正しい諦め」だけが、最大限の成功をもたらすだろう。人気作家が綴る頑張れない時代を生きるための画期的思考法。

人事の日本史

遠山美都男
関 幸彦
山本博文

一大リストラで律令制を確立した天武天皇、人心を巧みに掴んだ武家政権生みの親・源頼朝、徹底した「能力主義」で人事の停滞を打破した松平定信……。「抜擢」「出世」「派閥」「査定」「手当」「肩書」などのキーワードから歴史を読み解く、現代人必読の書！

インバスケット 経営思考トレーニング
生き抜くための決断力を磨く

鳥原隆志

ロングセラー『インバスケット実践トレーニング』の経営版。コロナ不況下に迫られる「売上や収入が2割減った状況で行うべき判断」を、ストーリー形式の4択問題で解説。経営者、マネージャーが今求められる取捨選択能力が身につく。

税と公助
置き去りの将来世代

伊藤裕香子

コロナ禍で発行が増えた国債は中央銀行が買い入れ続けた。金利が急上昇すれば利息は膨らみ、使えるお金は限られる。保育・教育・医療・介護は誰もが安心して使えるものであってほしい。持続可能な社会のあり方を将来世代の「お金」から考える。

私たちはどう生きるか
コロナ後の世界を語る2

マルクス・ガブリエル
オードリー・タン
東 浩紀 ほか／著
朝日新聞社／編

新型コロナで世界は大転換した。経済格差は拡大し社会の分断は深まり、暮らしや文化のありようも大きく変わった。これから日本人はどのように生き、どのような未来を描けばよいのか。多分野で活躍する賢人たちの思考と言葉で導く論考集。